在爱情的海里 我是一条淡水鱼

Learn to love like a fish in water

王婧雯／著

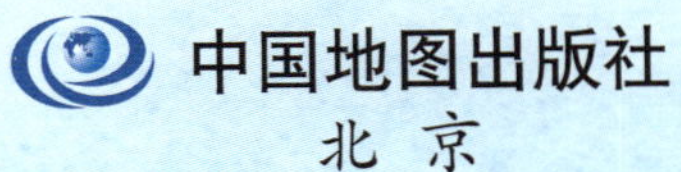
中国地图出版社
北 京

图书在版编目（CIP）数据

在爱情的海里，我是一条淡水鱼 = Learn to love like a fish in water / 王婧雯著. -- 北京：中国地图出版社，2015.10

ISBN 978-7-5031-8788-9

Ⅰ. ①在… Ⅱ. ①王… Ⅲ. ①恋爱心理学－通俗读物 Ⅳ. ①C913.1-49

中国版本图书馆CIP数据核字（2015）第204612号

王婧雯/著

王　玮/责任编辑

崔晓莹/绘画

闵晨轩 Peter Wu/摄影

书　　名	在爱情的海里，我是一条淡水鱼		
出版发行	中国地图出版社	邮政编码	100054
社　　址	北京市西城区白纸坊西街3号	网　　址	www.sinomaps.com
电　　话	010－83543902　83543949		
印　　刷	北京世汉凌云印刷有限公司印刷	经　　销	新华书店
成品规格	143mm×210mm	印　　张	7
版　　次	2015年10月第1版	印　　次	2016年1月北京第2次印刷
定　　价	25.80元		
书　　号	ISBN 978-7-5031-8788-9/G · 3346		

如有印装质量问题，请与我社发行公司联系调换

幸福，是一种能力

张怡筠

（著名心理学者，情感研究专家）

这本书有个很奇特的书名：《在爱情的海里，我是一条淡水鱼》。

哈！有趣，很吸引人看下去。

而开篇的几个问号“爱情心理学可靠吗？心理学研究有哪些？心理学研究是怎样在进行的？”就透露出端倪，这本书的文字都以心理学研究作为基础。

哈！有料，就让人更感兴趣了！

作者王婧雯毕业于美国著名学府UCLA（加州大学洛杉矶分校）心理系。从小生活过许多地方，穿梭于中国、加拿大、美国和日本，受到中西文化的多重浸润，加上她开朗活泼的个性，丰富的个人经历，再加上她的努力有心，使得她远比同龄女生来得成熟。

这是婧雯的第一本书，收纳在这本新书里的，是简单易懂的心

理学科普文章，围绕着探索两性之间的心理差异展开一个个生活小场景，相信会让许多读者感到熟悉而亲切。她希望运用正统的心理学知识打破情感误区，并告诉大家如何更好地与亲爱的人相处，在爱情中找到幸福。

而在爱情中获得幸福感，的确很重要。

许多人常感慨，现在什么都在不停改变，爱情里的幸福感更是变化得无影无踪。例如，择偶条件不断改变，离婚率不断改变，爱的感觉更是不断改变：从不爱到爱，很快，从爱到不爱，也很快。然而，不论时代如何演变，你我的幸福原则是不变的，因为幸福的关键不是环境，而是心境。正因为幸福是一种能力，所以我们都该学会用幸福力，来掌控自己的幸福。

我很欣赏作者婧雯的总结："女人最大的资本就是格调，最大的财富就是阅历。"她以一个女性视角，鼓励女性学着去做一个格调高的优质女人，并大胆地爱，投入地生活。很有正能量！

而婧雯自己完成第一本书，本身就是勇于投入生活，勇于追求梦想的最佳示范，让人欣赏也让人为之喝彩。身为资深心理人，我非常鼓励更多的年轻心理人怀抱使命，帮助社会，并实现自我！

如果你想多了解心理学，多了解自己，或多了解如何才能走出爱情的僵局，那么，这本书中应有许多值得你参考的地方。最后，衷心祝福大家都能轻松找到属于自己的幸福！

申 明

书里的例子都是我身边认识的人、家人和我自己的故事。

为了保护个人隐私，对于一些名字和背景做了更改。

所以第一希望大家不要乱扣帽子，第二也希望认识我的人不要乱入座。

书里所写的例子只是为了证明某一种心理理论在生活中的可寻性，并没有对任何一方有恶意或者批判的意思。

这本书的目标是通过阐述心理理论和真实案例，希望可以帮助大家了解心理学，从而更好地帮助自己。

所以若有跟自己经历相似的地方，或者不认同的地方，还望大家多多包涵。

王婧雯

敬上

目录

第四章 最终我也变成了海水鱼·选择了你之后呢？ // 105

第五章 他（她）会永远做淡水鱼吗·他（她）为何会剩下 // 148

前言

爱情心理学可靠吗？

其实每个人都是小小的心理学家和社会观察家。

因为在人类的进化过程中，每个人都会以自己的亲身经历和身边人的例子，来诠释社会和心理的规律。例如“贱人就是矫情”或者“可怜之人必有可恨之处”，都是先人们通过自己的经验，累积出来的心理定律。当大家发现大多数“贱人”都有矫情的共同点时，“贱人就是矫情”这句俗话便得以流传。

其实许多广为流传的俗语里，都隐藏着前人对于人类心理的解读。如古代《孙子兵法》中的“知己知彼，百战不殆”，就是揣摩对方心理的计策。

如果说俗语是早期的心理理论，那为什么又存在那么多的相互矛盾呢？例如恋人到底是“opposites attract”（异性相吸）还是“物以类聚”？这就是本书所要解读的。

其实恋人走到一起，事实上是物以类聚。虽然人们会对与自己不同类型的人产生兴趣，但是最终还是脾性相似的人在一起更易长久。

另外，生活中到底是“人定胜天”还是“天意难违”呢？这类俗语中的矛盾与先前有所不同，看似矛盾的两种说法，在心理学中却都是正确的。认为“人定胜天”的人和相信“天意难违”的人，对于事物的看法和价值观都不

尽相同，由此作出的决定自然也不同。所以，从一个人选择相信“人定胜天”还是“天意难违”，可以看出他的个性和为人处事的原则。

人类大脑发展到一定的程度，常常会自己找出一些捷径来。除了一些俗语中暗示的心理定律之外，人类还常常会运用一些逻辑捷径。这些所谓的规律和捷径，有时候会让人产生一些心理误区。而这些误区，就是人的大脑捷径和真正的逻辑推理不一致造成的。

这本书的目的，就是希望运用正统的心理学知识打破这些误区，并告诉大家如何更好地与身边的人相处。

请读者们跟我一起踏上探索两性之间心理差异的旅程吧！

0.1 心理研究可信吗

心理学在很多人心中，是蒙着神秘面纱的未知之物。

说起自己是学心理学的，许多人会问："学心理的，肯定知道我在想什么吧？""你是不是一眼就能看穿别人？""是不是在你面前不能说谎？"等等。

心理学中确实有读心术，但广泛的心理学并不能看穿人的内心，只是单纯地预测大部分人在某种特定的情况下会如何反应。虽然任何情况都可能会有例外，可是这种例外不会超过百分之二十。因此，真正的心理学理论的适用性，是非常强的。

无论是初次见面的朋友，还是一些妈妈辈的亲朋好友，听到"心理专业"都非常好奇。其实除了好奇之外，老一辈的人对"心理专业"还心存怀疑。

有一次，笔者母亲的一个大学同学问她，"你为什么让你女儿学这些没科学根基的东西？"这个同学接着滔滔不绝地诉说了心理学是多么的没用，强调每个人由于生活环境迥异，个性必然会有差异，心理定律并无可用之处。

还有一次听到家里的一个远房亲戚问我母亲，“你女儿不是理科生吗？她数学和生物不是学得挺好的吗，怎么大学选了这么一个文科专业？”“心理学不是文科吗，心理学的研究和实验的准确性，难道跟化学物理实验一样可靠？”

虽然心理学不像物理定律那样有据可循，人性也不像化学那样可以研究和发现规律，可是人性都是相通且有共同点的。通过研究人性的共同点，形成心理定律，心理学家能够很好地判断和把握人的下一步想法和实施步骤。当有类似情况发生，或受到特定因素的影响时，心理学家就能清楚地判断一个人的所思所想和所作所为。

下面，就让我为大家揭开现代心理学的面纱。

心理学涉及范围很广，特别是西方的心理学，介于社会学和人体科学之间，从人的个性问题到幼儿教育甚至于心理问题引发的身体问题，例如头痛、手脚乏力等症状，都有研究。

同时心理学虽然被归类于文科，但是心理学范畴颇为广泛，一个合格的心理学家，必须具有完善的生物、化学、人体学、脑神经学和基础的医学知识。当然除了扎实的基础外，心理学的研究和实验也是非常讲究的。

同样除了对于心理定律的疑问之外，人们最多的关注点就是心理疾病了。

在国内，很多人都非常疑惑：心理疾病到底是一种病，还是一种可以通过自我控制和调节得到改善的情绪?

有一次听母亲的同事说，他有个舅舅上个月得了忧郁症，怎么都治不好。他不理解舅舅忧郁的原因——他家庭美满工作也不错，为什么会忧郁呢?

在母亲的这位同事眼里，心理疾病都是人可以控制的，所谓的忧郁症，都是人自己思想出了问题，而不是真正的病。

而事实上，现代科学发现，忧郁症和很多其他的心理疾病一样，都是有生理基础的。例如忧郁症的病人与正常人荷尔蒙比例不同，这种不同可能与饮食、太阳照射时间或者睡眠时间息息相关。所以心理疾病与普通疾病一样，很多都是不可控制的和需要治疗的。

0.2 心理学的研究方式有哪些

很多人非常好奇，心理研究到底是如何进行的?人类的情感难道像化学物理一样，可以量化吗?

心理研究分很多种，最常见的是Longitudinal（长期观察）、Correlation（互相关联度）、Observation（实时观察）、Self Report（自我报告）和Experimental（操纵性实验）。

Longitudinal（长期观察），一般用在比较长久的实验中，例如记录夫妻二三十年的各种生活。

Correlation（互相关联度），一般是通过大量的数据收集然后找到其中关联，例如各个国家经济来源和离婚率的关联。

Observation（实时观察），常用于人际关系中，例如通过观察两个人的交际方式判断他们的感情。

Self Report（自我报告），常常以问卷的方式呈现，一般用于比较私密的话题，例如房事的次数和满意度。

Experimental（操纵性实验），是心理学中最可靠的一项实验，也是因果关系最确切的实验方式，可以用在任何不触犯人权和可以被操控的实验里，例如怎么做可以引起双方的争议，到底什么样的女人能吸引男人的注意力。

每一种实验，都是以几千人甚至上万人为研究对象，继而形成心理理论。且无论是哪一种实验方式得到的结论，都必须经过非常严格的检验，才能被发表。

0.3 心理学的研究又是如何进行的呢

第一，任何一个心理理论，都是通过无数个实验来证明的。而心理实验并不是为了证明理论是正确的，实验是为了证明理论是错误的。当心理学家无法推翻理论时，这个理论就自然成立了。

第二，心理学家会把实验计划书递交给自己国家的心理学会，来确保实验和理论相符。例如实验的确能计算出离婚率而不是家庭蔬菜消耗量。每一个理论都会经过无数次的实验和考核，来确保每一次做出来的结果都相同。所有数据都会通过电脑的审核和分析，来达到一个 P数值（PValue）。

P 数值在心理学中非常重要，它代表了一个结果的可靠性。而P数值的数据，代表了这项实验是可靠的，并且实验的结果只有百分之五甚至百分之一的可能性是出于巧合。

在西方社会里，与物理化学一样，心理学早已扎根并发展成为一门真实的科学，而并非空口无凭的理论。

0.4 如何做一个聪明的读者，看透心理实验结果的真伪

在如今的信息时代，现代人每天都要接触无数的电子信息和心理资讯。这些资讯中，有四分之一来自于四面八方的所谓的心理实验和研究结果。而这些结论中，到底哪些是可信的，哪些又是利用一些心理技巧来误导读者的呢？

最容易欺骗读者的数据统计方式，就是“相关性研究”（Correlational Study）。虽然经过数据统计，的确可以看到A上升，B也跟着上升的现象，可是A跟B真的有因果关系吗？例如，男人的经济水平和与他交往过的女性数量成正比。这个结论可以被理解为金钱的增加导致交往过的女性数量的提升。可是单纯的统计数字，真的可以证明是A造成了B吗？

其实相关性研究（Correlational Study）只能证明A与B相关，可是并不能证实因果。

在心理学中最著名的例子就是，每年棒冰的销量跟落水儿童的数量是成正比的。如果这种单纯的数据统计可以预测因果的话，那是不是代表棒冰导致儿童落水呢？其实导致棒冰销量增加跟落水儿童数量增加的因素是C，即室外温度。随着温度越来越高，棒冰的需求和游泳的人数就会上升，因此导致了棒冰的销量与落水儿童数量的增加。

你当然知道吃棒冰不会造成孩子落水，原因肯定是C——温度。可是在看到男人的经济水平和与他交往过的女性数量成正比的时候，就没有办法那么快看出破绽了。

那么真正导致经济水平上升和交往女性数量增加的C是什么呢？年纪。普遍来讲，进入社会一段时间的男性，要比刚刚毕业的男性经济条件好；同样，30岁的男人当然比20出头的男孩子接触过更多的女性。因此真正导致交往女性数量增加的数值是年纪，而不是金钱。

所以，当看到A与B的关系图时，我们应该认真地思考一下是否真的是A导致了B，是不是还有C在作怪。

另外一种极易引发错觉的统计就是数据人群百分比和本身数量的差异。相信很多人都看过网上的一篇报道，说离婚率与女人胸部罩杯尺寸大小有关系， 这些数据得出的结论就是，胸部越大的女人离婚的概率就越小。

难道一个女人的胸部大小真的有那么重要吗？难道胸大真的可以守护爱情吗？事实又是如何呢？

国内某著名网站2011年3月发布的一项标题为《从文胸罩杯预测中国离婚率为22%》的报道，如下：

“2009年4月份淘宝网文胸的交易次数达到445 513次，其中A罩杯177 158次，占比39.7%；B罩杯207 248次，占比47%；C罩杯36 691次，占比8%；D罩杯8 982次，占比2%；E罩杯3 622次，占比0.8%；F罩杯及以上2 133次，占比0.5%。”

“美国著名调查机构PEW在‘胸围与幸福指数’调查中对500对30~40岁夫妻的调查结果显示：女性胸围A杯的离婚率为37%，胸围B杯的离婚率为16.3%，胸围C杯的离婚率为4%，而胸围达D杯的女性离婚率1%都不到。”（数据来自该网站）

这种实验误区，在心理学中称之为“族群分层偏差”（Population Stratification Bias）。这种数据是非常不平衡的，因为在总体人数中，小罩杯的女性要比大罩杯的女性多出很多。

从上面的数据来看，胸部大于D罩杯的百分比不到4%，这代表了超过95%的女人罩杯在D以下。报道中还提到D罩杯以上的女性的离婚率不到1%。

这种数据只会给人造成一种错觉。

虽然表面看来，从纯统计的角度，的确是罩杯越大离婚的人越少。可是事实上并不是罩杯的大小造成了离婚率，而是D罩杯以上的人本来就少。

D罩杯以上的人只占总人数的4%不到，而B罩杯却占了总人数的47%，D罩杯以上的人数只是B罩杯人数的十分之一都不到。这样一来，B罩杯离婚的人当然要比D罩杯的多了。

这种人数比例本来就是不平衡的数据，非常容易给读者带来胸部的大小可能决定婚姻成败的错觉。

所以聪明的读者千万不要盲目地相信数据，而要去仔细分析。

另一种“族群偏差”（Population Bias）也常常会诱导读者。这种诱导方式来自于提供数据的族群，首先他们只是少数，不能代表整体调查人群；其次提供数据的人群与整体调查人群毫无关系。

例如调查的题目是“体重与婚姻满意度的关系”，这个调查所研究的人群是所有已婚人士，而这个调查如果只访问了男性而没有访问女性，那这个调查结果就是有误差的；同样，如果这个调查所研究的人群是所有已婚人士，而某个调查小组收集的却都是未婚人士的资料，那结果可想而知是完全不一样的。

0.5 为什么这种错误研究会被发表呢

既然知道自己的研究有错误，为什么还要发表呢?

因为虽然知道伪造数据是违法的，但很多商家和厂商还是希望利用这一类研究，来增加自己的客源。

比如为了增加客源，一些厂家会发表例如“离婚率与女人文胸罩杯尺寸的对比”，这样一来，希望自己婚姻美满的一些女性对隆胸和丰胸产品的需求就会增加。与之相同，“体重与婚姻满意度的关系”这样的数据出来后，可以增加女性对减肥产品的需求，从而增加减肥药厂家和健身房的客源。

第一章

初到海里的淡水鱼·

我们为什么要在一起

感情和爱情是每个人都关心的话题。许多人觉得爱情非常奇妙，难以读懂，可是市面上却有很多自称爱情专家的人，在教大家怎么谈恋爱。

每个人的经历都不同，别人的建议对你真的有用吗？

其实爱情也好，人与人之间的交流也好，任何事情都有各自的逻辑。而有逻辑的事物，被分析后当然可以找到一种规则和规律。

爱情的逻辑和规律，都来自于人类的目的和贪婪的本性。虽然乍看之下，每个人的目的并不相同，可是追根究底，每个人所追求的东西都是大致相仿的。我没办法告诉你究竟人为什么会相爱，可是通过社会观察、心理理论、身边人的亲身经历，你会发现“人”的所作所为其实真的有规可循。

这一章将会为大家讲述男人和女人为何会互相吸引，如何才能让喜欢的人对你有好感，男人和女人为何会有择偶差距等有趣话题。

1.1 从进化心理学来看男女择偶差异

世界著名的两性书籍《男人来自火星，女人来自金星》（“Men Are from Mars, Women Are from Venus”）已经卖出了1.4亿本。

为什么男女之间会有这么大的差异呢？

同样都是人类，为什么男女之间择偶标准如此大相径庭？

为什么男人普遍喜欢比自己小的女人？

为什么女人普遍喜欢成熟的男人？

为什么男人觉得女人物质，而女人觉得男人是视觉动物？

其实这些差异，都源自于男人和女人生理上的不同。从达尔文（Darwin）进化学最基础的理念来讲，所有生物之所以会进化，就是为了生存。同样对于动物而言，它们所做的一切，都是为了活下去。

在进化论中，“生存”是有两重定义的：第一重定义就是自身的生存，第二重定义便是DNA基因的生存。而男女择偶标准的差异，来自于第二种生存的定义，这也是进化心理学（Evolotionary Psycholgy）的基础。

男性和女性不同的地方在于，他们各自为延续生命付出的代价是不一样的。男性和女性繁殖后代所付出的时间和精力不同，他们的最终目标也因此不同。

例如男人的繁殖能力可以延续到七十岁，而女人一般到四十五岁后就很难再受孕了。同时男人孕育一个生命只要花十分钟左右，并且“常年无休”；而女人孕育一个生命，要十个月的怀孕期外加十个月以上的恢复期。理论上一个男人一生可以有无数个孩子，而女人的生育数量是受到严格限制的。

另外，男女的付出也有差异。在抚养后代和教育后代上，男人可以拍拍屁股，置身事外，而女人不行。男人甚至不用见到他的后代出生也不用付出感情；女人怀胎十月对于孩子的感情非常深厚，而且女人生产需要经历极大的痛苦，甚至可能付出生命的代价，所以女人是不可能置孩子于不顾的。

在这样的前提下，男女选择配偶的标准当然也就不同了。

男人具有超强的生育能力，“澳门赌王”何鸿燊就是最好的例子。赌王一共有17个子女，而大部分的孩子都是他七十岁之后所生。所以对于男人来说，他们的生育寿命，很多与他们自身的寿命相同或者相近。

王菲和谢霆锋复合也是很好的例子。先看谢霆锋，作为男人他

与张柏芝育有两子后，潇洒地拍拍屁股离开了；而作为母亲的张柏芝，却无法抛下两个儿子。无论是明星还是普通人，男人和女人离婚后，子女一般都由女人带在身边抚养。

当然如果你是国际巨星，就另当别论了。比如，虽然王菲也青春不再，也一样离婚后身边带着之前婚姻留下的女儿，但因为拥有巨大的精神及物质财富，还是有办法让优质的男人为她倾心。

对于常人来说，男人更容易另组家庭，而女人带着“拖油瓶”，较难再找到第二次幸福。虽然女人比较难找到自己的第二次幸福，这并不代表再次觅到爱情不可能。西方就有很多三十多岁甚至四十岁再嫁的案例。如今的中国人也越来越容易接受再婚的女性，所以女人们不要气馁。

1.1.1 为什么说男人是视觉动物，而女人太现实

常常发现只要几个男人聚在一起，他们就喜欢对身边的女性品头论足。

男性是出了名的视觉派，对于女生的容貌和身材极为重视。跟男性朋友吃饭的时候，很少听到他们讨论自己中意的女孩的内在和个性，焦点大多集中在她们脸蛋漂不漂亮和身材好不好。很多时候，男人会因为一个女孩子的外表而喜欢上她。甚至有小部分男性会有外表上的“死穴”，例如无法接受腿粗或是短头发的女孩。

大学时的一位男性同学，选择女朋友非常挑剔，有一次他身边出现了一个对他有好感的女生，我们周围朋友觉得她无论是个性长相还是家庭条件都非常好。令人吃惊的是他拒绝了这个女生，原因更是让人咋舌，他只是单纯地觉得这个女生的眼距有点开而无法接受。

为什么男人是视觉化动物呢？

从心理学的角度来说，男人为了优化自己的基因，比女人更在乎对方的容貌。而为了确保自己撒下的种子可以健康地发芽，男人会注重女性的身材。

按照生理条件来讲，丰满的前凸后翘的身材，代表着卓越的繁殖能力。所以男人普遍喜欢这种类型的女人，这样男人的DNA延续概率就会升高。

男人常常数落女人“势利而现实”，因为与男人相比，女人更注重男人的内在和个性。闺蜜们坐在一起，虽然会提到另一半的长相，可是大多数时间还是聊男方的性格。

当今社会很少看到帅哥配丑女，可美女配“野兽”倒是蛮普遍的。因此一个男人帅不帅虽然对吸引异性有帮助，可是比起“钱”还是差很远的。

大二时认识一位非常漂亮的学妹，常常因钱财不停换男朋友。她从某个小地方来到大城市读书，无论是学费还是生活开销，对于家里来说都是非常大的一笔负担。

她刚开始的时候谈了个大城市来的男朋友，没多久就分手了，后来才知道是因为那个男生没有车。她又交了一个又高又帅的男朋友，那个男朋友开了一辆日系小轿车。后来因为她经常在学校主持节目，又遇到了更多的高富帅，很快，她又抛弃了开日系车的男友，跟开欧洲进口车的富二代在一起了。

跟富二代男友分手后，她的感情生活就渐渐地淡出了我们的视野。最后听说她交的男朋友不再是学生，而是开宾利的社会人士了。

事后她的校园前男友们个个说破：在一起的时候，那个女孩子主动要求与他们发生性关系。她以身体为代价傍上所谓的高富帅，希望可以满足金钱上的需求。

其实对女人来说，势利与现实的表现，也是源自于生理的不同需求。

在动物界，雌性动物特别是哺乳类动物择偶的标准是强壮。因为只有强壮的雄性动物，才可以给她们和她们的孩子提供资源和保护。在人类世界，“强壮”被金钱代替了，变成了只有拥有一定物质基础的男人，才能给女人和她的孩子提供生存的资源，这样女人DNA存活概率就高了。

所以“漂亮不能当饭吃”普遍只是针对男人，而对于女人来说，姣好的容貌和曼妙的身材的确是可以当“饭”吃的。

1.1.2 为什么男人普遍喜欢比自己小的女人，而女人喜欢比自己大的男人

网络上有个很有名的段子中写道：“二十岁的男人喜欢二十岁的女人，三十岁的男人喜欢二十岁的女人，四十岁的男人喜欢二十岁的女人，甚至于七十岁的男人还是喜欢二十岁的女人。”

为什么男人普遍喜欢二十岁的女人呢？因为二十出头的女人最朝气蓬勃，这个年纪也是她们生育能力最旺盛的时候。因此在进化心理学中，无论什么年纪的男人，都喜欢二十岁的女人是成立的。

另一个男人喜欢比自己小的女人的原因，是因为男人天生好面子，希望享有优越感。他们喜欢被需要的感觉，喜欢去照顾呵护别人。同时男人也希望可以成为自己女人心目中的偶像。所以男人普遍喜欢小鸟依人的女人，而年纪小的女人正好符合男人这方面的需求。

男人好面子也有根据吗？按照进化心理学来说，在动物世界里，特别是在猩猩——人类的近亲世界里，很多时候只有居高位的猩猩才有交配权。公猩猩们非常重视以评比决出高低，只有这样才能让它们的DNA延续。在动物世界，用外表和力气决定胜负的评比，在现代社会就演变成了好面子和维护自己面子的斗争。

无论是娱乐圈还是商界，老夫少妻都是普遍的现象。在娱乐圈，夫妻相差十几岁根本没什么好稀奇的。不说娱乐圈的老帅哥们了，就算是诺贝尔奖得主杨振宁，也在八十二岁的高龄娶了当年年仅二十八岁的翁帆。

男人喜欢年轻女孩子这种现象极为普遍。而男人就应该找比自己小的女人的观念，在社会上也是根深蒂固。这种女人比男人小才好的观念可以体现在，当知道女性朋友交了一个比自己小的男朋友时，大家都会惊讶不已。

与此相反的是，如今不少女孩喜欢的却是大叔。

女人为何与男人相反，喜欢年长的配偶呢？

女人普遍会找比自己年龄大的男人结婚，是因为年长的男人比与自己年龄相仿的男人，拥有更多的财富和资源，社会地位也更优越。

通常一个大学刚毕业的女孩子，会选择一个已经工作了的伴侣。一个大学刚毕业的男生，比起已经工作了四五年的男人，收入自然会差很多。

还有，很多时候，周围的女孩子跟大学时期的同龄男友分手，都是因为同一个原因：女孩子到了想结婚的年龄，而男孩子却没有。而相对于年轻的男人来说，年长的男人会成熟许多，在感情方面也颇为稳定。因此，一个年长的男人会比较容易步入婚姻的殿堂。

所以根据进化心理学的理论，女人需要的是一个会给她和孩子提供帮助和资源的伴侣。相对而言，年长的男人无论是经济条件还是稳定性，都要比同龄的男孩好很多。

微博上有一个很火的段子，说现在的女孩子要结婚，很多都要求男方有房子。可是当今社会房价如此之高，二十岁末三十出头的男人根本就承担不起。其中还提到一个故事："有一天，一个四十多岁的男人和自己二十出头的女朋友一起去见女方的家长，当女孩的妈妈开门的时候，双方都愣住了。原来女孩的妈妈是这个男人的前女友，因为当年嫌弃他太穷，所以跟了别人。"

这个段子嘲讽所谓解决这种社会问题最好的方式，就是二十岁的女孩抛弃二十岁的男孩，嫁给四十岁的男人；等这个二十岁的男孩到了四十岁有钱了，再娶另一个二十岁的女孩。这样所有的问题都解决了。

一言以蔽之，男女择偶标准的差异，源于男人最终目的是为了优化后代，所以他们喜欢外表靓丽的女人；而女人需要的是可以照顾她们的男人，所以女人喜欢经济来源稳定和性情稳重的男人，因为这样的男人有责任心，不会抛弃妻子和孩子。

因此，女人普遍觉得男人是视觉动物，而男人觉得女人太现实。虽然人类通过进化最终变成了高级动物，但千万年流传下来的喜好，还是在现代社会中有所体现。

1.1.3 为什么酒后特别容易一见钟情

如今无论是二十多岁的年轻人，还是三十出头的社会人士，有不少都喜欢在夜场逗留。环境优雅的音乐酒吧，抑或是嘈杂的夜店，总是令80后、90后流连忘返。在夜场，他们也常常会遇到阶段性的伴侣。可惜的是，凑成一对容易，但要维系这段感情却很难。

有一位跟我关系很好的男性朋友，是位80后金融精英。有一天他跟我说，他发现喝过酒之后特别容易对女孩子有好感。感觉突然爱上了，可是相处久了却发现当初的选择是错误的。他很不解地问我，"难道真的是因为饮酒后会判断错误？还是真的会酒后乱性？可是不觉得当时自己喝得很醉呀。"

跟80后精英男士一样，另外一位90后男大学生朋友也是各大酒吧和夜店的常客。他常常表示非常疑惑，很多当天在夜场感觉很好的女孩，后来白天约出来后就好感全无。难道是因为他喝了酒就色心大起吗？

其实在心理学中，这种现象确有合理的解释。虽然跟酒精有关系，但绝对不是因为喝了酒才会失去判断力，其实酒后一见钟情是生理因素引起的心理反应。

1.1.4 到底什么样的生理反应才会引起一见钟情

许多人都认为，他们对自己的情绪来源知道得一清二楚，可是事实上心理学中有很多误区。

生理反应引起的心理反应就是其中一种，这种误区被称为“情绪归属错觉”（Missattribution of Arousal）。是指你觉得你的感性来自于这种刺激物，其实它是源自于另外一种刺激物。

“情绪归属错觉”源于一个心理理论——“感性的两种因素”（the Two Factor Theory of Emotion），阐释了人的感情是有两种来源，第一种来源是人的心理因素，第二种来源则是人的生理因素。

“情绪归属错觉”这种心理误区之所以产生，是因为在很多特定状况下，当事人无法分辨到底是什么引起了他的好感——喝酒之后，人的心跳会加快；而当遇到了心仪的对象的时候，人的心跳同样也会加快。

酒精所引起的很多生理反应，与动心后的很多心理反应极为相似。当酒精程度还不足以让自己觉得醉了的时候，人往往很容易忘记酒精所能引起的生理反应。所以在喝了酒心跳加快的情况下，看到了稍微有点好感的女孩子就会误认为自己爱上了她，而不知道这是酒精引起的心跳加速。

这种生理引起的心理反应不止是在夜场常见，在电影里也常常看到，特别是在一些灾难片和动作片里。**在灾难片和动作片里，男女主角常常会遇到各种危机，在这些有惊无险的危机后，男女主角**

往往会越爱越深。其实，这也是生理因素引起的心理反应所导致的“情绪归属错觉”的一种。

乱世与战争中的爱情，往往比太平盛世时要热烈，也是因为这个原因。

所以在遇到心仪的对象时，要确保自己的心跳是来自于心理的因素，而不是生理反应。

1.1.5 如何预防“情绪归属错觉”产生的误区

对于不了解“情绪归属错觉”的人来说，这种误区是很难避免的；可是对于了解这种状况的人来说，这种误区是可以避免的。

心理学家沙赫特（Stanley Schachter）曾做过一个实验，在实验中所有的参与者都被注射了肾上腺素（epinephrine），这是一种会让人心跳加快呼吸急速的荷尔蒙。所有参赛者都认为药物可以增加他们的实力，只是一半参赛者被告知了这类药物的生理影响，另外一半参赛者对于肾上腺素的功效一无所知。

在测试中，参加者被要求回答一个较长的问卷。当他们在回答问卷的同时，研究者会发出各种声音来影响参加者。

最后研究显示，不知道药物功效的参赛者，比知道药物会带来

生理反应并清楚生理反应来源的参赛者，对影响他们的研究人员产生的愤怒及不满的情绪更多。

这项研究表明，如果可以清楚地知道自己生理反应的来源，就可以避免“情绪归属错觉”。所以当一个人在有酒精作用情况下，只要时刻提醒自己心跳加速的起因，就可以成功地避免以上误区。

生活小建议

其实了解心理误区，除了可以防止自己陷入误区，还可以利用对方的心理误区来增加对自己的好感。

以此类推，健身房里和游乐场里遇到的对象也可能出现以上错觉。虽然这是一种误区，可是当你想让喜欢的对象喜欢你的时候，也是可以利用这种小手段的。比如带对方去看惊悚片、到恐怖的游乐场玩耍、或是请对方小酌一杯，都可能让对方增加对你的好感。

1.2 虽说男追女，可事实上却是女人先发出信号

表面看来女人在感情上较为被动，其实无论是动物世界，还是人类社会，选择权都掌握在雌性手中。情感研究者蒂莫西·帕尔帕尔（Timothy Perper）指出，无论在哪个国家，女性都是第一个发出信号的。

根据进化心理学的相关研究，男人不只比女人好面子，而且把面子看得非常重。因此男人很少会做没有把握的事情，他们通常是确定了对方对自己有好感才会展开进攻。

很多时候，女人会因为社会灌输的矜持观念而错过了自己的心仪对象。在一次朋友聚会上，小J看上了一位朋友的同事。为了表现出矜持，小J特意不去看心仪的男士，甚至在与对方的互动中，小J都显得有些不在乎。

事后才从朋友那里听到，原来那位男士对小J还是颇有好感的，但在后面的互动中那位男士觉得小J在拒绝自己，他从小J那里读到了“我对你没兴趣”的信息。很遗憾，这位男士没有展开进一步的追求。

因此女性可以通过一些小小的肢体语言，来暗示自己心仪的男

性，让他靠近，同时也增加他对自己的兴趣与好感。

1.2.1 如何通过小动作和暗示传达兴趣

蒂莫西·帕尔帕尔（Timothy Perper）的研究显示，眼睛确实是心灵之窗。一段关系的开始，都源自眼神的交流。

如果一个女性对自己心仪的对象注视2~3秒，对方若是有意进一步交往，便会主动靠近。

而在男方靠近后，通过上半身向对方倾斜和拿手轻轻地触碰对方面前的桌子，就可以轻易地让男方知道你对他的感觉，同时也增加对方对你的好感。

心理研究显示，人喜欢靠近跟自己相同的人，因此我们会对与我们姿势和动作相同的人产生特别的好感。例如对方在开始交谈时双手叉腰，而你也一样双手叉腰，当对方双手放下时你也放下，比起那些没有跟交谈对象同步的人，对方会对跟自己动作同步的人更有好感。

1.2.2 其他可以增强心仪对象好感的小心机

其实男人跟公牛有非常相似的地方，他们对红色特别敏感。

研究显示，相同的物品只要是红色的，男性就会觉得更有吸引力。例如同样的妆容，如果换了红色的口红，对于男性来说魅力值就会大大提升。因此红色的衣服特别是裙子，都是加分的亮点。

除了小动作和颜色之外，通过对布朗大学新入学的大学生进行研究，心理学家发现，最容易预测对方好感程度的是距离和见面的频繁度。

虽然说“兔子不吃窝边草”，可是事实却与俗话相反。拉近自己与心仪对象的实质距离，和找理由增加见面的频率，都是可以让对方产生好感的。当然联系次数的增加，也会让男性对你有依赖性。**一个人养成一个习惯需要3个月，所以在这3个月里如果让对方习惯生活中有你的存在，当你消失的时候他就会主动出击了**。

刚读大学的时候有一个很好的朋友R，开学没多久她看上了一个非常帅的男生X。R对那个男生一见钟情，可惜R没有一点符合X对女友的要求。X喜欢长发高挑温柔的女孩子，而R是一个短发自立强势的标准“女汉子”。R非常清楚X对自己没有一点意思，可是R没有放弃，她想尽办法进入X的生活。

为了跟X做朋友，R拼命认识他身边的朋友，加入X参加的社团。以后的一两个月里，他们天天一起做练习，成为了无话不说的好朋友。半年后当X有了其他心仪的对象时，R再也无法压抑自己

对X的喜欢，她向X表白了。

自然X直截了当地拒绝了R，并且跟R说他们没有可能，R绝对不是他喜欢的类型。

得到这样的结果，R只能放弃了，从表白被拒的那天开始，就断了跟X的所有联系。

而习惯了生活中有R存在的X，反而对没有R的生活感到不适应和反感。终于，X发现他的生活中已经缺少不了R，转而对R开始追求。最后R跟X成为了令人羡慕的一对，共同度过了大学四年的美好的求学时光。

1.2.3 对男人来说，直接的暗示往往比浪漫有效，而对女人而言却是相反

俗话说，“男追女隔座山，女追男隔层纱”。究竟为什么会这样？因为男女在沟通和表达自己的时候，差异非常大。

男人无论是在情感上还是生活中，说话和沟通的方式都比较直接，而女人则较为含蓄。这种说话方式的差异，源于封建社会男女地位的不同，在几千年封建社会的影响下，女人普遍羞涩，难以直接表达自己的想法。这种封建社会传承下来的习惯，导致女人无论

是沟通还是表达感情上，都比较含蓄。

为了迎合女性含蓄的表达方式，男人在追女人时通常会故意制造浪漫，而女人在追男人的时候却不同。作为一个女人，只要这个男人对你有好感，直接点破比玩浪漫更容易让男人接受。

身边很多男性朋友在追女孩子的过程中又送花又看电影，花心思买小礼物，带她们去各种餐厅吃饭，可是表白的成功率却只有百分之五十。

女性却恰恰相反，跟有好感的男性相处几次后，只要发现对方对自己不是太反感，直接表白被接受的概率有时竟高达百分之八十。当然要特别注意的是，必须确保那位男性朋友对自己有好感。

所以，向男人表白，直接的暗示往往要比玩浪漫有用。有了心仪男性的女孩子们，不妨主动些，这样不但可以提高成功率，还不用苦苦等待。

1.2.4 如何通过肢体语言礼貌地拒绝对方

肢体语言除了可以暗示对方你对他有兴趣之外，也可以礼貌性地回绝对方。

通过最基本的肢体语言，可以在交谈中让对方不自觉地缩短谈话。如时不时地看手表，然后把脚尖对着出口，就有这种效果。

同样，在交谈中，若时不时地回避对方的眼睛，也可以让对方不自觉地减短谈话时间。

除此之外，突然挺直背，也可以让对方察觉到你有离开的意思。

这些小动作都可以让对方清楚地明白你想表达的意思，而不用通过语言来拒绝对方。

1.3 哪几种男人不能交往下去

虽然社会在慢慢改变，女追男也不少见了，可是大部分漂亮的女孩还是喜欢被各种帅哥、科技男、富二代竞相追逐。

女生到底如何分辨追自己的男孩子是否靠谱？一个人的个性就

算隐藏得再深，也是可以从小地方看出来的。

第一种危险男人是“饥不择食男”。这种男人是最危险的，如果你寻找的是爱情而不是寂寞伴侣，这种男人是不能交往的。

为何一个男人会“饥不择食”呢？原因有很多种，最常见的就是他对于感情和伴侣不挑剔，只要是女性他都接受。或者就是真的寂寞到了一定程度，单纯地只是想找人陪。

“饥不择食男”的感情往往不稳定。因为人是多层次的高级生物，无论是朋友还是情侣，不合适的人相处久了都会有摩擦。而当男方过了寂寞需要人陪的阶段后，就很容易发现对方的种种不足和不合拍。

而且，对于“饥不择食”的男人来说，他的伴侣也不太会有什么别人无法取代的地方。一旦“饥不择食”的男人发现与现在的伴侣出现了问题，就会马上开始寻找下一段感情。因为“饥不择食”，所以门槛低，下一个对象很快就会出现，如果此时有女人主动对他们表示好感，他们马上就会上钩。“饥不择食“的男人到底有多恐怖，只有深入了解过了才会知道。

“饥不择食”的男人在现实生活中还真不少，大学时有位男同学就是典型代表。大一时，这位同学把他认识的朋友圈里所有的女生，按照相貌进行了排名，然后按照排名一个个地追，每当被一个

拒绝后，他就划掉对方的名字开始追逐下一个目标。就这样，这位同学追求了同一届二三十个女生，到最后坏了自己的名声，以致于大一、大二都交不到女朋友，到了大三才骗到了一个一无所知的大一小学妹。

另一种“饥不择食男”，追求女孩子的方式非常诡异。智能手机除了让我们享有过年过节祝福短信群发功能之外，还让“饥不择食男”享有了“追求短信”群发功能。

这是我自己遇到的故事。大学期间参加一个女同学的聚会，认识了一个数学系的学长，正好我数学不好，就常常请教学长很多问题。一个月后在食堂吃饭的时候，我碰到了当天那场聚会上认识的一个女孩。她跟我说那个学长在追她，还时不时地给她发网上找到的各种情诗。

这让我非常震惊。当我们拿出手机比对时，居然发现学长是短信群发。事后碰到了那场聚会上认识的其他女孩子，她们都说被这个学长追求过。这个学长常常用各种学术理由当说辞，很少约女孩子出来，不过每晚都会发一些十分浪漫的短信。这种群发男，最好也避而远之。

走出校园后，最容易碰到的就是这种在家长的逼迫下“饥不择食”的速食结婚男。

这种男人往往因为工作太忙或者学历太高，没有时间与女性交往，到了适婚年龄还是没有伴侣。

这种男人也常常会为了面子而不愿意相亲，因此他们常常会对朋友的朋友出手。

在一个朋友的聚会上，一个女性朋友认识了大她八岁的男士。这位男士对她表示非常有好感，之后他们一起出去吃了两次饭，在第三次共用晚餐的时候，那位男士就问她是否有意向结婚。

当被问到为什么想结婚的时候，那位男士就说他的年纪到了，家里催得有些紧。还补充说，这位女性朋友无论是长相还是家庭背景，都非常符合他对伴侣的要求。

在女性朋友委婉地拒绝了那位男士后，他再也没有出现了。恐怕是马上开始寻找下一个目标了。

为什么“饥不择食男”的速食感情不靠谱呢？除了不够了解未来可能产生的问题之外，速食感情不长久是因为太容易得到，人们不会好好珍惜。从心理学角度来讲，一个人花了多少精力得到一样东西，他就会以同样的度来珍惜那样东西。就算是同样一件衣服，原价买的和打折时候买的，那件衣服的价值都会不一样，主人珍惜度也会不一样。

第二种危险男人是“同种类型通吃男”。比“饥不择食男”要求高一点，就是只要是同一种类型的女孩都可以。

这种男人不像“饥不择食男”，什么样的女孩子都追、都接受，而是对于某种类型的女孩子情有独钟。

例如“同种类型通吃男”可能喜欢长发气质型女孩，只要符合这个要求都可以。另外一类“同种类型通吃男”可能喜欢高挑模特型女孩，那么只要是这种类型的他都可以。虽然这种男人没有“饥不择食”地谁都追，可是只要符合他标准的，都有可能下手。

大学时曾经有一位学长跟与我同一届的一个女孩谈恋爱，后来因为个性方面的摩擦分手了。分手后没几个星期，学长就跟别人在一起了。而最令人吃惊的是，学长的新女朋友，跟我的这位同学无论是气质长相还是穿衣风格，都非常相似。

后来从别的学姐那里了解到，这位学长所有的女朋友，都是同一个风格的。当学长发现现任女友有他不满意或者是意料之外的问题时，他就会再找一个外形特征一模一样的女友。

第三种危险男人是“只重外表男”。即只按照容貌或身材之类的要求寻找女朋友的。

这一类男人与前两种不一样，他们有些是按照身材，有些是按照容貌，反正只要是身材或者容貌差不多的，他都接受。虽然他们对于女孩子的个性没有要求，可是对于外表和身材的要求很高。这一类男人喜欢美女或者辣妹，甚至两者皆求。当然这种男人不靠谱之处就是，当他发现一个更优秀的目标时，他很容易放弃现有的伴侣。

一次聚会上，一个关系很好的女性朋友带来了她认定的男朋友，他们认识了也暧昧了很长一段时间，算是互相都比较了解。女孩子一直以为男方喜欢的是她，自己是无可取代的。现在他们快要在一起了，女孩子决定把男方介绍给自己的姐妹们认识。

女孩子虽然非常漂亮，不过那天那帮朋友中有比她姿色更胜一筹的。没过多久，女孩子就发现男方不但迟迟没有向自己表白，还开始疏远她了。最后，她发现那位男士已经跟她的那位漂亮朋友在一起了。再过些时候，那位男士又跟她的那位朋友分手了，分手原因也同样是因为有个更漂亮的女孩子出现了。

如果男人只是看上了你的容貌和身材的话，常常会是肤浅且没有底限的，因为总是会有更漂亮和身材更好的女性出现。

所以，真正稳定的爱情，是建立在相互了解和无可代替之上的。如果你只是寂寞想找人陪伴，那么以上男士可能会是寂寞之时很好的过渡。可是如果你追求的是真正的爱情的话，这些人都不是最合适你的，感情宁缺毋滥。

1.4 如何判断追求你的男士靠不靠谱

1.4.1 第一种判断法：看他是不是在了解了你以后再表白

首先要分清楚的就是，他是因为你的个性而想跟你交往，还是因为其他肤浅的原因。

这一点真的比较难判断，不过通过对他前女友的了解就可以略知一二。例如他是不是只跟美女谈，你是不是比他前女友漂亮很多，他交的女朋友是不是都是同一种类型的。当然他肯不肯花时间在了解了你之后，再开口向你表白，这一点也很重要。

大学时这种男孩子非常多见。只要是比自己女朋友漂亮的人对自己有好感，就会马上去追求。这种男人极不可靠。快速得到的爱情很快就会被舍弃，他是不会去好好珍惜的。

在朋友聚会的时候，我一个朋友遇到了一个男孩，互相都非常有感觉。之后没过几天就在一起了，男孩子也没有花什么时间陪女孩子，结果一个月不到他们就分手了。听说是因为女孩子的个性和男孩子预想的不一样，所以没过多久就分了，再加上当时也没有付出什么代价追女孩子，所以男孩觉得就算分手也不可惜。

1.4.2 第二种判断法：多打听打听他的事情

虽说很多传闻都是子虚乌有的，可是无风不起浪，传闻总有它真实的地方。多向他身边的朋友或者同事打听这个人，就能了解一二。并且，这种时候异性的评价往往比同性的真实。

如果这个男人是名声在外的滥情男或者花心男的话，他可能没有外面传的那么夸张，但肯定也不会好到哪里去。

如果一个男人对朋友不好不讲义气的话，那这种男人也不值得交往。虽然他对心仪的女孩子会不同，可是当激情退去，就可以从他怎么对待朋友，来预测他将来会怎么对你。

所以在交往前，多听听他身边朋友和认识他的人是怎么评价他的，这些评价往往都有很大的真实性。

1.4.3 第三种判断法：了解他和前女友分手的原因

一个男人怎么对待他的前女友，就很有可能会怎么对待你。

如果他与前女友分手很不愉快，如果他的上一段感情结束是因为劈腿，那么他下一段感情以劈腿为结局的可能性就很高。

如果他跟前女友感情一淡了就分手，那么他很有可能跟你也会

是如此。

虽然我们没有办法通过他与前任的感情来完全预计下一段感情的结局，但至少可以让你有个心理准备。自私的人就是自私的人，他若对前任不好，等激情过了也不会对你太好的。

第二章

我“鱼”到了对的你吗·

我们合适吗？

美国著名心理学家、UCLA王牌讲师、也是我的大学教授Benjamin R. karney曾经说过这么一句话："what brings people together are not what keeps them together."（让两人在一起的东西无法让他们一直在一起。）这句话虽然看似简单，可是实质上非常深奥。他所表达的意思是："相爱容易相守难。"

究竟为什么相爱的两个人不能走到最后呢？她/他当初吸引对方的地方为什么不足以让双方一直在一起呢？对这一类问题，心理学家到底是如何解释的呢？

本书第一章是讲是否该开始、如何开始一段感情。本章所描述的是这段感情到底合不合适，这样的状况到底该不该由它自由发展。

其实能不能相守，最终还是要看合不合适。"合适"，在心理学中有着非常广的定义。其实个性相不相同，喜欢的东西是否一样，都跟合不合适没有太大的关系。是否合适，取决于相处方式和人生观点。

到底从什么地方可以看出两个人合不合适呢？其实，从生活中很多小地方，就能看出两人是否合适。另外，从一个人的家人和生活习惯，也能看出他的价值观。

2.1 到底什么样的男人才算合适呢

很多人在分手的时候都会以一句“我们不合适”轻松带过。可是到底什么才算合适，什么才算不合适呢？就算在一起很久的夫妻，都不一定能准确地用言语表达出来。

年轻的时候，觉得合适就是感觉对了。慢慢成熟点的时候，会觉得光有感觉也不一定合适。其实过了情窦初开的年纪，“合适”可能就变成了有同样的兴趣和爱好。但是最后还是会发现，就算兴趣爱好相同，也不一定能够长期和平相处。

如果合适不是感觉，不是同样的情趣与爱好，那世人所谓的“合适”到底是什么呢？

"合适"难道就是古人说的"门当户对"吗？

在现代人眼里，每当老一辈提到"门当户对"，年轻人都会觉得"这会不会太现实啦"？当然，如今所谓的"门当户对"已经不是以家境和钱财来衡量了，而是延伸为找一个生活习惯和价值观相近的人。

生活习惯包括日常开销的预算，和日常工资比例的分配。有一些人重视生活品质，例如舒适的家庭环境；而另一些人重视看得到的东西，例如存在银行的财富或者购买到的物品。出生在相似家庭里的人，在这些方面需要的磨合就相对较少，所以流传至今的古人智慧还是有一定道理的。

事实上，从生活中很多小地方，还是可以看出人与人价值观的不同的。

例如，在外就餐时，有些人觉得一顿饭"只"不过是一件衣服的价格，而另一些人觉得一顿饭"竟然"是一件衣服的价格。这就是价值观的不同，一部分喜好美食，而另一部分人更爱美观。

就像有些人宁愿坐公交不打车或者吃泡面，存钱去买奢侈品；有些人宁愿不买东西，省钱出去旅游等等。价值观不同的双方，容易为了生活中的柴米油盐而争吵。

由此可见，价值观的互相认同比兴趣爱好相近重要得多，美国

心理学家早已通过研究和观察无数对恋人和夫妻，得出了结论：**与其找一个兴趣相同的人，还不如找一个习惯相近的人。相对来讲，找一个价值观相同的人，生活起来可以减少不少矛盾**。

2.1.1 男女方家境差距总会产生问题

除了由于家境背景不同而价值观不同的两个人较难相处之外，文化水平不同和文化背景不同，相处起来也是难题。很多时候要求门当户对，不是嫌弃对方的出身，而是怕生活习惯不同导致矛盾。任何一种长期相处的关系都是充满矛盾的，但习惯不同的人会比习惯相近的人多出很多不必要的矛盾。

下面就是很多不必要的“矛盾”的来源。

◎ 嫁进豪门真的幸福吗

有一天可以嫁进豪门，是很多女孩子的梦想。可是嫁进豪门的同时，要承受的压力也是外人无法想象的。

如果男女家境差太多，嫁进豪门的女孩常常会被男方的家人看不起，嫁进豪门的同时也代表着要接受外界和周围朋友的冷嘲热讽。不用说是靠着容貌嫁入豪门的“花瓶”了，就算是优秀的女人嫁入豪门，日子也非常难过。

我认识的一个姐姐毕业于常春藤名校，无论是学业容貌还是能力都非常优秀。大学时期她认识了她的男朋友，毕业后没多久就结婚了。那位姐姐的家境虽然跟普通人比要好很多，可男方的家境非常了得，据说是某个行业的翘楚。

男方在学校的时候非常低调，直到结婚前那位姐姐也不知道原来两家的差距有那么大。在谈恋爱的时候被蒙在鼓里，作为单纯的校园恋爱，根本不存在为了钱而跟对方在一起的问题。虽然她老公从来没有怀疑过她与他结婚的本意，可是无论是婆婆还是男方家庭，甚至她自己的朋友都会怀疑。

作为常春藤的优等生，那位姐姐非常好面子，自尊心也很强，因此常常与婆婆发生一些不愉快。虽然男方很爱那位姐姐，也尽量过着男女平等的生活，可是她婆婆给她的感觉向来就是，“你能嫁进我们家是你好几辈子修来的福分，所以你应该知恩图报，听话懂事”。

她的婆婆常常给她下马威，甚至还不让她工作。结婚后没多久，那位姐姐接连就生了一对儿女。到了儿女都开始上小学时，为了充实自己的生活，同时也想对得起自己的学历，那位姐姐决定出去找工作。

大学时受过西方教育的姐姐认为只要她有工作，可以赚到足够

养活自己和购物花销的钱，婆婆就没有办法说什么。学传媒的她最后找到了一份杂志社的工作，她老公也非常支持她，可是她婆婆却非常反对。婆婆说，一个女人的工作就是养育下一代，就是应该时时刻刻跟孩子在一起，好好教育他们。做他们家的儿媳妇，这就是她理所应当的工作。

最后她婆婆话说得非常直白，她嫁进来住豪宅、开好车、吃好的用好的，就是她当他们家儿媳妇的工资，既然拿了工资就要好好工作。

虽然这位姐姐从来都没想过嫁人就是为了一辈子过奢华的日子，可是她婆婆这么说她也无法反驳。就是因为她嫁进了豪门，大家都觉得她捡了便宜，她才失去了发言的底气。

这位姐姐不止常常受夫家的气，在朋友那里也听到了不少冷嘲热讽。大学时的朋友因为生活的差距，渐渐地与她远离。而她丈夫朋友的妻子们，又都是“花瓶”或是天生娇气的小姐，她作为一个高材生也很难与她们有共同语言。身边那些关系好的留下来的朋友，也常常无法理解她的苦恼。

记得有一次与朋友喝茶时，她提到了婆婆对她的管教和丈夫常常开会太忙无法陪她。当时在场的朋友说了句让她非常寒心的话，可是在外人听来确是大实话——“这些算什么，你不是捡了那么大个便宜吗，过着人家怎么努力都过不上的生活，还这么多抱怨？”

虽然她不是为了钱嫁入豪门，虽然最初她以为她的婚姻是因为相爱。可是事实是残酷的，只要是家境相差甚多，无论本意如何，最终都会被那些看不穿的人所扭曲。

当然，如果你可以接受别人的冷嘲热讽，如果你可以接受大家对你的打压和要求，那么有机会嫁入豪门也不错。可是任何事情有好必有坏，所以如果你好胜，自尊心又强，也许嫁给一个比自己条件好太多的老公，并不适合你。

◎女生下嫁也矛盾多多

女孩子嫁入豪门，会因为家庭背景的差距而不适应；反过来，很多女孩跟家境不如自己的男孩在一起，也同样会受到委屈。

在谈恋爱的阶段，相当一部分女孩认为，家境金钱都没关系，只要相爱就好。可是当爱情褪色激情不再，生活远不如恋爱，很多矛盾就在这时涌现。

我大学时有个朋友，我们就叫她E小姐吧。她之前有个非常合适的男朋友，家庭也相当。后来因为距离远和其他各种原因，E小姐和这位朋友们都觉得最适合结婚的男人分手了。

之后E小姐喜欢上了一个非常有个性的机车男，他给E小姐带来了无数的乐趣和前所未有的刺激。虽然机车男的家境比E小姐和她前男友要差许多，但他们的生活非常美满和快乐，E小姐也毫无怨言地为他做出了很多的让步。

第二年，E小姐和机车男搬到了一起，矛盾渐渐地产生了。

机车男开始嫌弃E小姐开销太大，而E小姐非常委屈，她觉得为了机车男自己已经节省了很多。她不再跟姐妹们出门逛街，也很少在外面聚餐了。

机车男不但觉得E小姐在自己身上花的钱太多，还嫌E小姐在平常的家庭开销上花费过多。例如机车男觉得，E小姐可以去远一点的超市购买食物和清洁用品，而不是去离家只有5分钟的进口超市。对E小姐来说，洗衣粉便宜五元十元真的无所谓，也没有什么好计较的。

一开始E小姐觉得自己为了爱情，可以不买包、不买衣服、不去高级餐厅。她觉得自己不是一个虚荣的人，所有的奢侈品的开销她都可以减少。可是到了最后，每天的生活琐事令她烦恼丛生。从小养尊处优的E小姐，无法接受除了学业外，还要为了洗衣粉的价格伤神。

很多家里条件好的女孩，年轻的时候都觉得自己不势利，为了爱情什么都可以忍受，可以少买东西，也可以过得节俭些。

然而现实常常是，在买衣服和包这些东西上面节省一些，还算是可以忍受，毕竟忙的时候对于这些奢侈品的需求也不高；可是真正要从生活中的小处开始省，那每天需要费神的事情就增加了不少。

所以女孩子们要考虑清楚，为了爱情自己是否什么都可以节俭，是否可以过比自家条件还差的生活。因为改变的不只是奢侈品的消费，而是所有小地方都要改变。习惯了逛大超市的你，未来可能会为了一把葱，在菜场里讨价还价。

2.1.2 合适不只是家境相当，还有生活习惯

家庭财力不相同可能导致两个人不合适，可是家境差不多但生活习惯不同，也会导致很多不必要的矛盾。

我有个朋友，大学时在美国加州留学，期间交了一个女朋友。他们家境相当，可是交往久了后却发现生活习惯不同。

起初他们的生活平静而满足，时间长了他发现跟女友矛盾越来越大，而且产生摩擦的都是生活上的小事。去超市的时候，他的女友经常为了省钱而货比三家。男生觉得，贵的东西货比三家是正常的，可是有一次他女友竟然为了一箱水便宜两三元钱，而跑了三家超市。

他觉得时间跟金钱一样重要，为了便宜这么几元钱的东西，不值得浪费那么多时间。而他女朋友不以为然，觉得省一点是一点，看得到的钱都是值得的。

有些人觉得时间等于金钱，而他人觉得为了省钱而多点麻烦也无所谓。所以，不只是家境不同的人在生活中会有矛盾，家境相当而价值观不同的人同样也会有矛盾。

2.1.3 虽然都是中国人，南北方差异却很大

其实除了家境之外，文化背景也很重要。虽然大家都是中国人，可是如果身边有来自全国各地的朋友时，就会发现，其实南北方在思想观念上面的差异还是很大的。这种差异来自于“大男子主义”。

在南方特别是上海和浙江，男人做饭和做家务并不是什么稀奇的事。可是在北方，很多男人是完全不接受做家务的。下面就是关于南北方差异的两个典型的例子。

大学时有一个姐妹是温州人，在国外求学时交了个北京男朋友。交往阶段完全没有任何问题，可是等到他们同居后，问题才慢慢地出现。男方要求女方每天都做饭，而当女方工作太累或者下班晚了的时候，男方就会一脸不愉快。

除了要求女方做饭外，所有家务都要女方独自负责。国外很多老式公寓的洗衣房都在一楼，有一次女孩因为洗衣篮太重搬不动，要求男方帮忙，而男方就回了一句“我不做家务”，害得女孩多跑了两趟。最后同居不到一年，就分手了。

其实在国外合住的男女朋友，生活本就不易，要负担房租和生活花销，有时还要一边学习一边工作，这时最需要互相扶持。可是来自北方的男孩不同于南方人，比较羞于帮忙做家务。

另外一个例子也是关于做家务的。男孩子虽然在上海长大，可是父母都是不折不扣的山东人。作为北方人的他，家里从来都是妈妈在做所有的家务。

上大学时，他交了一个上海女朋友，后来他们因为读研分开两地。有一次男孩放假去看女孩，由于学校考试安排不同，女孩还正

在期末考。被期末考弄得焦头烂额的女孩，希望男孩帮她洗衣服。其实女孩住的房子里有洗衣机，并不是叫男孩手洗，但这个时候男孩却莫名其妙地跟女孩吵了一架，说自己不是她的保姆，为什么要帮她洗衣服。

可能因为南北方的差异，普通的洗衣服在男孩眼里变成了有辱他尊严的大事。

所以不只是家境，成长地区也有可能造成男女之间的矛盾。这个时候不只是要看男方的态度，还要看他母亲的。

有一位同事嫁给了在上海工作的哈尔滨人，结婚后有了小孩，男方叫他的母亲来上海帮忙带孩子。虽然男方已经习惯了帮女方做家务，可是男方的妈妈却无法接受。婆婆常常因为看到自己的儿子做家务，而跟媳妇产生矛盾。

所以除了家庭经济实力之外，生长的地方也是一个需要考虑的因素。

2.1.4 生活习惯的不同平时很难发现，婚前同居说不定是个好办法

现在社会越来越开放，未婚同居已成为普遍现象。社会上也有

各种对于未婚同居的看法和评价，有些人说未婚同居对于以后的婚姻有利，也有些人说未婚同居会在婚前给情侣带来很多矛盾。

未婚同居对于婚姻，到底是弊还是利呢？其实经过心理学的研究，未婚同居有好处也有坏处，它的利与弊完全视情况而定。

未婚同居，情侣的矛盾会因为天天见面而增加，日日相处也会因生活习惯引发各种矛盾，但同时双方也可以从日常生活中的各个细节，来确定对方是否真的适合结婚。所以说，未婚同居虽然可以导致一段感情的破裂，可是这种破裂反而有利于最终的婚姻。

另外一种说法就是，未婚同居因为情侣天天都见面，会消耗爱情。俗话说：“距离产生美。”而天天见面的情侣会产生视觉疲劳，消耗对方的“美”感。

其实这种情况也是因人而异的，如果双方工作繁忙，平时没有时间好好相处，那同居的确会给双方带来很多方便。在这样的情况下，同居是有利于感情的。但如果双方喜欢浪漫，而因为同居减少了外出的时间，那么感情会变淡。

同时心理学研究显示，有一部分同居的人，因为懒得搬家，而最终选择结婚。可是，感情已淡的婚姻因为这种“懒得搬家”很容易破裂。

同样因为婚前不够了解对方，而婚后很多习惯上的偏差导致的

争执，也是婚姻破裂的因素。所以，婚前同居可以帮助情侣看清对方，同时也提醒同居的各位，不要为了“懒得搬家”而急急步入婚姻的殿堂。

2.1.5 有趣的心理研究结果（指婚）

自由恋爱真的比较幸福快乐吗？近期印度心理学家表示，数据显示，通过家庭安排的婚姻，到了后期要比自由恋爱稳定；同时通过家庭安排结婚的人，婚后生活也要比自由恋爱幸福。

为什么不是自由恋爱的婚姻更幸福呢？其实恋爱最主要是靠爱情维持，可是婚姻要比恋爱复杂多了，双方需要考虑的事情和可能出现的纷争也多了许多。例如财务的分配，子女的教育，与双方父母的相处方式，家庭的住房，双方的工作等等。

而被家庭安排的婚姻，双方大多数来自于相同的家庭背景，受到过相似的教育。所以生活习惯和对待很多事物的看法也非常相近，这样一来他们生活中的磨合就会比自由恋爱的要少很多。

当然这并不是说不需要感情基础了，父母为你找了一个家境相似的人，马上就可以结婚，此时你可以多尝试相处，慢慢寻找交集，成为朋友后再恋爱也未尝不可。

生活小建议

生活习惯不合适，或者刚开始时价值观不同，并不代表不能够在一起，最重要的还是互相理解和尊重。就像之前网上很流行的段子，“我喜欢香蕉，可是你给了我一车苹果，然后你说你被自己感动了，问我为什么不感动？我无言以对，然后你告诉全世界，你花光了所有的钱给我买了一车苹果，可是我却没有一点点感动，我一定是一个铁石心肠的人，我的人品确定是有问题的。可是我只是喜欢香蕉而已啊！”借此言送给所有对爱情盲目执着的人，这就是不合适。

其实每个人都可以多为对方考虑，真正做到尊重对方。如果男士事先询问“你是要香蕉还是要苹果呢”，这样就可以避免不必要的矛盾；而收到一车苹果的女士也应体谅和理解男士的心意，知道他是爱你的就足够了，并且珍惜他的好。

每一个人的性格和家庭背景都是不一样的，所以每一个人爱别人的方式和需要被爱的方式也是不一样的。情侣若是可以选择的话，当然是找一个合适的人生活会更轻松些。若是找不到合适的人，那还是找一个会互相体谅的人吧。虽然你没有用我的方式爱我，可是我理解你爱我的方式，这才是最完美最长久的爱情。

2.2 从一个男人的母亲身上可以看出他会选择什么样的女子

母亲对于儿子日后的感情生活有着重大的影响。无论一个男人的妈妈是否明着干涉他的感情，日后是否与儿子儿媳同住，她对于儿子感情的影响都是不可避免的。

在心理学中，母亲对于孩子的影响不只是他们对于孩子的教育，还有很多隐形的东西。

对于大部分男生来说，“妈妈”是他们第一个亲密接触的女性。被称为心理分析之父的奥地利著名心理学家弗洛伊德（Sigmund Freud）说，所有的男人对他们的母亲都有种特殊的情结，称之为恋母情结（Oedipus Complex）。其实每个男人多多少少都有恋母情结，多数男人孩提时都曾一度想跟妈妈结婚，甚至因为妈妈跟爸爸结婚了而讨厌爸爸。

所以在男人心目中，母亲的地位不可动摇，她不只是给予他们生命的女人，还是第一个跟他们有亲密接触的女人。而对于这些男人来说，妈妈的所作所为代表了正常的女人。比如一些年轻不懂事的女孩，会认为男孩说她笑起来像妈妈或是她让他想到自己的母亲，是对她们的侮辱。可是事实上，对于男孩子来说，妈妈是非常神圣的，所以一个男孩子如果肯把你和他的母亲相提并论，那才是最大的荣幸。

2.2.1 爱讲话与不爱讲话

女孩子相对于男孩子来讲普遍话比较多。而男孩子可以接受女孩子讲话的时长，跟他们的母亲大有关系。

我妈妈的一位大学同学是个非常爱讲话的人，她是那种不用说男人，连女友都会觉得她话多的人。她在朋友聚会中，无论是多大的场合，永远都是侃侃而谈，同时她也是一个非常敢于表达自己的人。

她的儿子长大后可以接受女朋友的各种话多，甚至还不觉得多。无论女朋友自己和朋友聚会，还是跟去认识他的朋友，他从不嫌弃女友话多或者阻止她表达自己的意见。

而妈妈的另一个大学同学，是一个很安静不喜欢说话的人，她永远都在聆听者的位子，同时她也是一个羞于表达自己想法的人。她的儿子也觉得安静的女孩子才是正常的，女人就应该像他妈妈一样少说话多聆听。他曾交到一个爱说话的女朋友，他一直觉得她很烦，还常常表示对于女朋友爱说话这点非常不解，也常常因此闹矛盾。他觉得女朋友在自己的朋友面前或者在大场合发表自己的意

见，是件非常丢脸的事。最后他受不了这位爱说话的女朋友，跟她分手了。

除了话多之外，男人跟女人不一样，天生不喜欢八卦。所以很多男孩子不能理解，为什么女朋友要说她身边朋友的事，不停地八卦。

我有两个男性朋友，第一个男生的妈妈就很喜欢讲八卦，经常会跟他儿子讲一些同事或同事孩子的事。所以他除了听女朋友讲八卦之外，还常常把他妈妈跟他讲的八卦分享给女友听。而第二位男生的母亲是一位非常正统的女士，他们家茶余饭后聊的都是金融走向、文化或者政治，他妈妈很少聊别人的事，比较少八卦。在这样家庭里长大的他，无法接受女友八卦，同时也觉得八卦别人是一件很低俗的事情。

2.2.2 爱买东西与不爱买东西

其实女孩天生喜欢逛街买东西，这与家境好坏无关。家境好的女孩，买的东西通常会贵一点好一点，而家境相对较差的女孩所买的物品，可能相对平价很多。但女孩喜欢买东西的天性都是一样的，只是每个人对于购物狂的标准不一样。有些人觉得回家拎了两三个购物袋算少的，有些人觉得两三袋很正常，而有些人却觉得两三袋已经是非常多了。

男人相对于女人来说，普遍不喜欢购物，当然也有特例，他们对于女性购物消费是否正常合理，只能拿妈妈的标准作为比较。

所以妈妈有二三十双鞋的男士，会觉得女朋友有三十双鞋，是很正常的事情。可是如果自己母亲的鞋子数量不到十双的话，那么自己女朋友有二十双鞋，就是非常不正常的事。

虽然鞋子的数量与家里的条件有关，可是更多的是与个性相关。

高中时在上海有一位男同学，家里住三层楼的别墅，家境非常好。他的父母是靠科技白手起家的，所以虽然家境不错可是非常节约。他的母亲对于任何物品，包括衣服、鞋子、包，都是功能不同的一样有一件就好了。所以日后他交女朋友，只要对方类似的东西超过两件，他就会觉得是在乱花钱，太奢侈。

与这位同学相反的例子是一位同事，他的母亲虽然是普通的白领，可是非常爱打扮。在他家，他母亲的鞋子有着不同的款式，就是相同款式的鞋子，也可能会有不同的颜色，衣服也非常多。所以这位同事觉得，女孩子喜欢购物非常正常，女孩子喜欢买东西打扮自己，没有什么不好。

生活小建议

男孩子会找与自己母亲习惯相近的女孩子，所以女孩子也可以借机多观察观察男方的母亲。虽然很多年轻人认为结婚是两个人的事，可是事实上你是嫁入他的家庭而不仅仅只是嫁给他。

无论在西方还是东方，与对方家人合得来，不仅可以减少生活中的矛盾，婚姻也会因此更加美满。所以挑选一个与自己妈妈合得来的媳妇，和挑选一个与自己合得来的婆婆，都是婚姻非常重要的一部分。

2.3 从男孩如何对待他的母亲来挑选优质男人

俗话说："一个孝顺的男人坏不到哪里去。"其实从一个男人如何对待他的母亲，就可以看出他日后如何对待自己的妻子。无论多轰轰烈烈的爱情都会日渐淡去，总有一天情侣会从爱人变成亲人。所以总有一天你所爱的人对你的态度，会变成他对家人的态度。

恋爱的时候，很多人都善于伪装自己真实的个性和脾气。有时恋爱时期的伪装并不是刻意的，而是陷入爱情中的自然反应。可是这种重视浪漫的心情，总有一天会消散的。如何看透另外一半是否伪装，以及激情退去后他对你的表现？这些都可以通过观察他如何对待自己的母亲得到答案。

2.3.1“妈宝”的男人为什么很麻烦

“妈宝”这个词语相信很多人都不会陌生。很多80后和90后都是独养儿子或是独生子。而这些独养儿子和独生子，都非常可能成为“妈宝”。

被称为“妈宝”的男人不只是单纯地很听妈妈的话而已，他们通常成年后还离不开妈妈的照顾。被称为“妈宝”的男人一般都无法自己做决定，也无法自己思考问题。比如长大后是继续求学还是工作，完全听妈妈的安排，没有自己的想法。他们对于任何事物没有自己的看法，全凭妈妈的指点。在交女朋友上，也完全没有自己的想法，妈妈说哪一方面不行就盲目认同。

为什么跟“妈宝”的男人在一起会很麻烦？不是说男人孝顺是一件好事情吗？

孝顺的男人当然是好的，可是什么都听妈妈的，无法自己做决

断的男人是个大麻烦。日后若与他结婚，你的工作、住房和孩子等等的事，都会掌控在他妈妈手里。

大学时有一个J同学就遇到了一个典型的“妈宝”S。

单身时S的成绩非常好，可是和J谈恋爱后，S的成绩直线下降。S的成绩变差虽然跟J有关，可是作为一个男人应该自己承担后果。

S跟J的关系稳定之后，S决定带J回家见他的父母。而S的父母认为是J导致了自己儿子成绩下降，对J非常有偏见。第一次见面，S的妈妈就毫不客气地当着J的面，表达自己对J的不满。同时S的妈妈也一直认为是J带坏了S，一切都是J的错。

作为一个男人，S一句话也没有说，从头到尾没有替J向他妈妈作解释，也没有帮J说过一句话。等J离开了S的家后，S的妈妈就开始向S灌输J哪里哪里不好。没过几天后，S就跟J分手了。

可是回到学校后S又跟J提出复合。更让人生气的是，S每次放假回家就会和J闹分手，一回到学校又复合。这样反反复复了好几次。因为S每次回家都会受到妈妈的影响，而相信妈妈的话决定跟J分手；可是每当S离开家看到了J，就开始怀疑妈妈的判断了。

分手可能不是S的本意，而是他妈妈的意思。可是这种在妈妈面前不会替女朋友说话的男人，因为妈妈的一面之词就跟女朋友分手的男人，真的很危险很麻烦。

第二个关于“妈宝”的例子发生在我的一个上司身上。

我的那个上司不但事业成功，同时脸蛋漂亮身材傲人。我认识她的时候她才三十出头，刚离婚，家里有一个七岁的女儿。可能是缘分或者是我有种特殊气质，有一天午饭的时候她就开始跟我讲她的故事。

我们称她为L吧。她前夫是做生意的，很忙常常不在家，也没有时间陪她和女儿。两年前她认识了一个非常帅的男士，最后她便和这位男士在一起了。后来通过接触才发现，这位男士是个“妈宝”。

在外面，这位男士非常幽默有风度，可是他年过三十却还跟妈妈住在一起。他妈妈照顾着他所有的生活起居，包括烧饭洗衣服打扫卫生。有一次晚上聚会后男朋友喝醉了，L送他回家。他妈妈开门后完全没有理会L，而是马上把儿子扶上了床。安顿好后，男友的妈妈也没有跟L寒暄，而是开始责备L怎么让她儿子喝醉。之后也完全没有让L过夜的意思，同时也不过问和担心一个女性半夜自己回家是否安全。

虽然L觉得男友是个“妈宝”，可是也没太在乎。这位三十岁的男人答应L要跟她结婚，并且照顾L和她的孩子。在男友答应与L结婚后，L便与丈夫离婚了。

可男友的妈妈始终不乐意，嫌弃L带着女儿，而且还有过一段婚姻，让儿子跟L分手。“妈宝”的妈妈认为一切都是L的错，是L勾引他儿子。可事实上是她儿子单身而L当时有婚姻，为什么不是她儿子勾引有夫之妇呢？

最后，男友听了他妈妈的话，真的跟L分手了。作为一个男人，誓言是如何的重要，怎么可以因为妈妈的想法而违背誓言呢？

与“妈宝”交往时，很有可能会因为男友妈妈的各种意见和说辞，影响你们的关系。而当你和他母亲有任何观念不同时，“妈宝”会认定自己妈妈永远是对的。同时“妈宝”出任何状况，他的母亲第一个责怪的就是你。

所以“妈宝”很难自己做决定，受到任何挫折，错的那个人都是你。

2.3.2 被宠坏的男人，不会为妈妈着想，又如何为别人着想

被宠坏的男人，与“妈宝”一样都是被百般娇惯，虽然他们也有自己的主见和想法，但相同的是他们很难为别人考虑，同时也觉得别人对他们的付出是理所应当的。从小到大，无论什么事情，妈妈都会无条件地答应他们，都会替他们做好。

大学时我就碰到了这么一位被宠坏了的男孩。

暑假回家时，这个男孩的母亲把自己的车给儿子用，儿子无论是出去玩还是去实习，都开着妈妈的车。而他妈妈自己却坐地铁去上班和买菜。

为人子女怎么能让妈妈如此的不方便，而自己享福呢？可这位同学完全没有觉得不好意思，他认为这是理所当然的。

被妈妈宠坏了的他，不但觉得妈妈对自己的好和付出是理所应当的，同样觉得别人就是应该对他好。

大学时他交了个女朋友，这个女孩子常常替他做饭和打扫家里。有一天女孩因为有考试无法打扫，可是晚上家里又要来客人，所以请男友帮她打扫一下。没想到男友竟然大发雷霆，还说自己不是她的佣人。

被宠坏的男孩觉得，女孩为自己打扫理所应当，而当别人要求他付出的时候他就不愿意了。

另外一个例子，有一对情侣远距离谈着恋爱。双方在路上的时间要花八到九个小时。如果加上周末能放三四天小假，女孩都会赶过去看男孩。可是男孩只有放一个礼拜的大长假，才愿意去看女孩。

去过几次之后，男孩就嫌弃八九个小时的路程太远了，不肯再去看女孩了，而是要求女孩去看他。其实女孩去看他，需要花费的时间和精力是一样的呀。

很多被妈妈宠坏了的男人，不是不想为对方考虑，也不是本性坏和自私，只是真的想不到别人。从小就被妈妈宠坏，要什么有什么，他会觉得一切都是那么的理所当然。所以他只会考虑到自己累不累，麻不麻烦，根本无法想到别人。

因此在找伴侣前，要好好地观察他是否会为妈妈考虑。一个不会为从小把他养大的妈妈考虑的人，又如何会想到你呢？

2.3.3 只愿用钱照顾爸妈的男人

现在工作压力很大，大多数人都没有时间陪爸爸妈妈。所以一个男人愿不愿意拿出时间陪他的爸爸妈妈，就可以看出他以后是否愿意拿出时间来陪老婆孩子。如果一个男人只是拿钱给爸妈来表达他的孝心的话，日后结婚了，他一忙起来，也可能会以同样的方式对待自己的妻儿。

所以如果你需要的是一个陪你的老公，而不是一个只能给你金钱的老公，那就要找一个愿意花时间陪伴自己爸爸妈妈的男人。

2.3.4 报喜不报忧的男人

说到一个男人对待妈妈的方式就是日后对待老婆的方式，会不会说谎也是其中之一。如果一个男人经常跟妈妈说谎的话，那么他一定经常跟你说谎。同样如果他跟爸妈只报喜不报忧，那么日后家里有什么问题他也会如此。

2.3.5 说话态度很差的男人

如果一个男人现在跟妈妈说话很不耐烦，日后对你也是一样。

很多男人在忙的时候，常常会忽略父母或者不接妈妈的电话，就算接了也只是敷衍几句就挂了。如果他现在这样对自己妈妈的话，那么日后他对你会更加地不耐烦。相反如果一个男人就算再忙也愿意听妈妈唠叨，愿意耐心听完她说的话，日后他也会愿意听你讲话。

回家时如果男方对妈妈呼来喝去，让妈妈给自己端茶送水，婚后他照样会对老婆呼来喝去，也会让老婆替他端茶送水。

所以一个对自己妈妈彬彬有礼和考虑周到的男人，就算日子久了激情退去后，对老婆的态度也会很好。

生活小建议

交往时，大家必须看清楚男友与他母亲的相处方式，而后再决定这个人是否可以成为合适的伴侣。当遇到以上这几种类型的男人时，真的需慎重考虑。

最危险的男人，其实不是“妈宝”，也不是被宠坏的男人，而是不孝顺的男人。

在现实生活中常听到，电视剧里也常看到，经常有男人为了一个女人而抛弃他的父母。或许电视剧编剧的目的是为了呈现一段轰轰烈烈的爱情，可是事实上爱情是有期限的，最后维持婚姻的是承诺和责任。如果一个男人可以为了爱情，背弃他的家庭和养育他的父母，那么有一天当他爱上别人的时候，他也可以为了爱情背弃婚姻。

一个可以为了一个女人对不起父母的男人，很有可能是一个没有责任感不诚信的男人。

第三章

你跟我一样也是淡水鱼吗·

要学会放弃错的人

虽然每一个人都希望爱情可以天长地久，可是现实往往事与愿违。世间最痛苦的，莫过于一段感情的破裂。无论是亲人的离开，还是爱人的背叛，都会在心里留下巨大的阴影。就算两个人最终修成正果，可是日子久了，当初合适的人还照样合适吗？合适就可以一直在一起吗？

其实无论是分手还是离婚，都有心理学上的解释。到底感情为什么会破裂，什么时候什么情况下对方会提出分手，都是有公式的。本章将跟大家诉说“分手那些事”。

3.1 男人为什么会选择分手？分手公式又是怎样的呢

虽然每段感情开始都是甜蜜的，可是到了某个阶段感情变质了，就极有可能迎来它的结束。

到底什么时候什么情况下，对方会选择分手呢？为什么分手是一件很痛苦的事呢？为什么很多人决定要分手了，可是到了最后却怎么也分不了呢？很多不快乐的人又为什么迟迟不分手呢？美国心理学家哈尔·凯利（Hal Kelley）经过多年的研究，终于提出了最适用的分手公式。

其实分手公式和经济学的投资公式非常相像。

Outcome = Rewards-Costs（**随后的结果 = 奖励-成本**）

虽然公式看似简单，可其中却隐藏了许多奥妙。

感情与数学物理不一样，是多面性的，自然公式也要复杂许多。到底如何判断什么时候该离开一段不快乐的感情呢？又如何知晓这段感情到底有没有修复的必要和可能？在得到以上问题的正确答案前，必须理解所有结构要素。

首先要提到的是“结果”。这个公式里，结果分为正和负。当结果是0或者是负的时候，那么最终会导致一段感情的瓦解。

这样理解可能会简单一些，即：结果=分手的成本+分手后的好处。在这里，分手的成本为负，分手后的好处为正。

分手的好处很容易懂，获得自己的需要，不再在错误的人身上浪费时间、精力和金钱。

分手的成本又是什么呢？答案是每个人都不一样。比如，对一些人来说，在一起越久分手的成本越大，首先是因为回忆越多分手后越痛苦，其次是因为拥有共同的朋友，就算分手了还是难免会遇到或听朋友提及。同样，很多人不愿意把自己的恋人介绍给父母，也是为了减少分手后的成本。如果父母与恋人相识，那么分手时还要增加跟父母解释的成本。

同居的情侣比分开住的情侣更不容易分手，也是因为同样的原因。并不是因为感情要比分开住的情侣更好些，只是同居的情侣分手后要增加搬家的成本。而很多同居的情侣正是因为懒得搬家，而迟迟不肯分手。所以很多时候就算在一起的成本要比奖励大，双方还是选择不分手；就算不快乐，但有的时候分手的成本要比分手后得到的奖励多。

理论上说，分手的成本可以分成实际成本和隐形成本。实际成本指的是代价，例如时间和金钱。隐形成本与实际成本不同，它也可以称为机会成本，在这个公式里所指的是与别人交往的机会。

奖励与成本一样，可以被分成两种。第一种是正强化（positive reinforcement），第二种是负强化(negative reinforcement)。第一种是通过奖励来强化想要在一起的动力。正强化越多，双方就越不想分手。第二种是惩罚在感情里让双方或者一方感到不愉快的东西。当负强化超过了正强化和分手的成本时，一方就会决定与另一方分手。

虽然网上有很多与心理学有关的说法并不正确，可是网上流传的这个段子，却与我们上面所说的这个公式息息相关。这是一条曾经被大肆转发的帖子，有人在网上问："男生最讨厌女生什么？"而最受欢迎、转发最多的答案是"zuo（作）的程度超过了漂亮的程度"。分享这条微博的男士纷纷表示说得太对了，而女士们却一致表示男人太现实了。

虽然这种说法有点肤浅，可是却很好地表现了 Hall Kelley 的"分手公式"。在这里，漂亮程度就是奖励，而"zuo"的程度就是所要减去的成本。所以当"zuo"的程度超过了漂亮的程度，结果就是负的，那么就会导致分手。

这条微博会有那么多的人转发，是因为引起了广大男性的共鸣。

大学时我就遇到了这么一个例子，有个女同学X，她的两任男友都是我的朋友。这个女同学长得很清秀，应该算是个美女，可是脾气在朋友圈里是出了名的差。她的第一任男友长得很帅，家里条件也不差。所以对于他来讲，X的漂亮程度无法抵消她“zuo”的程度。而她的第二任男友长得只能算是中等，家境也很普通，所以对于他来说，X小姐的漂亮程度就大于她“zuo”的程度了。

先来聊聊X小姐与她的第一任男友Z先生。在跟Z先生交往的时间里，X小姐除了让Z先生来支付她所有的开销外，还常常用iphone上的软件监视Z先生的行踪。

一开始Z先生觉得X小姐很漂亮，所以一直没有把她的缺点太放在眼里。后来X小姐不止是日常生活用品需要Z先生买单，连看到奢侈品也不经过Z先生的同意，就直接叫店员打包等着Z先生买单了。

Z先生在与X小姐在一起不到3个月，便选择了与X小姐分手。而把Z先生和X小姐套到公式里，就是X小姐的美貌（奖励）没有超过她“zuo”（成本）的程度。在这里，成本包括了金钱和X小姐对Z先生的监视。

X小姐的第二任男友D先生与Z先生不同，是追了X小姐快一年后她才终于同意的。所以对于D先生来说，X小姐带给他的奖励要比X小姐带给Z先生的多。D先生觉得带X小姐出门是一件非常有面子的事情。所以D先生与X小姐在一起的时候，D先生改掉了平时省钱的习惯，把能给X小姐花的钱都给她花了。就算X小姐常常在朋友面前跟D先生吵架，不给D先生面子，D先生都强忍着。因为D先生觉得自己的条件不够好，X小姐给他带来的奖励要比成本多，所以愿意继续为X小姐付出。

X小姐的例子很好地表达了分手公式。

其实感情和投资一样，第一次分手常常会拖很久，特别是第一段认真的恋爱；可是在对感情和分手越来越有经验后，决定分手的速度也会随之加快，变得越来越容易。第一段感情难分手，是因为双方都觉得分手的成本太高。

在没有经验或者经验过少的时候，双方都很容易高估分手的成本。对于男人来讲，第一个他认真考虑过要娶的女人都是特别的。在第一段认真的感情中，往往会觉得没有对方之后的日子就过不下去。同时在没有经验的情况下，也往往会觉得下一个万一没有这个合适怎么办。这跟第一次投资很像，在初次尝试投资股票和基金的时候，往往舍不得卖，就算是跌了也想再撑一撑，觉得万一日后反弹了怎么办。

就像我之前的一位大学同学，高中时因为要好好读书，一直没有机会谈恋爱。到了大学，她谈了第一个男朋友。在所有朋友眼里，他们的感情都是女孩子付出得比较多。这三年来，很明显，她对男朋友的付出完全无法收到回报，可是她一直迟迟不肯放手。就算所有人劝她分手，说其实他不好，她都不相信，觉得自己可以改变男友。

同样她也一直高估分手的成本，认为不会再找到更好的人了，或者没有对方会很痛苦。就这样他们拖到了大学毕业，才终于认识到对方真的不适合自己。

3.2 什么时候选择分手最好

既然分手有公式，那就可以利用公式来预测或预防男友跟自己分手，并可以选择亏损最少的分手时机。

第一，如何预防男友跟自己分手。

其实从他朋友们口中就可以试探出，你“zuo”的程度到底有没有超过漂亮的程度。同时从男朋友对你的态度中，也可以看出你

到底值得他付出多少。所以，不要超出了他愿意付出的成本。

同样，增加男友跟你分手的成本，也是一个可以让他不容易与你分手的办法。例如可以多参加他跟朋友们的聚会，打入他的朋友圈，跟他们相处融洽并变成好朋友，切记不要太刻意，不然男方会觉得很奇怪。

第二，如何算出什么时候分手损失最少。

其实等到觉得自己亏损的时候就晚了，男友不像股票，他很难反弹，一旦亏损就只会一直亏下去，所以在盈亏平衡时选择分手损失最少。在经济学中，当成本和收益平衡的时候，工厂会选择关闭来减少亏损。而在感情中付出和回报平衡的时候，就要停止更多的付出，这个时候对方付出多少，你就付出多少来降低成本，只要付出低于分手成本就可以选择拖着。而当对方的付出越来越少，直到接近分手成本的时候，选择分手损失会最少。

很多人说感情不是投资，不可以以合算不合算来衡量，可是事实上人类天生就是会比较的动物。谁付出的多，谁付出的少，无论多傻的人都会计算。

人类的天性就爱计较，只是计较多少的问题，所以感情就是一种投资。当成本超出了收入，这段感情就会麻烦多多，最后如果一直亏损下去便会分手。

3.3 分手背后的谎言

分手的时候，男人喜欢用各种谎言来掩饰自己的移情别恋。最常用的借口无非是个性不合、父母不同意或者是你太好了我配不上你。而当女孩子听到男友提出分手时，常常会说：“我到底哪里不好？你说出来我改！”可是事实上，这时你能否改变都已经不重要了。只要男人想分手，什么都可以成为理由，觉得一个人不好的时候，优点也可以变成缺点。所以想改变自己挽回男友，是一件非常傻的事情。

男人决定跟一个女人分手的原因可能很多，可是最常见的不超过两个。

第一个就是他找到下家了，而且他有百分之百的把握下家也愿意和他在一起。

第二种原因就是最近太忙压力大，然后嫌女朋友太烦了。

对于男人来说，分手是一件很麻烦的事情，不到万不得已，男人很少会选择分手。这就是为什么男人很少空窗，并且分手后又马上就能交到新女友的原因。

所以男友说分手，若是第一种原因，就没有必要挽回了，因为你做什么都没有用。除非和他在一起的下任女友，因为什么原因又不想跟他在一起了，或者在一起没多久就分了。如果是这样的话，那么这种男人本来就不值得你去爱。

如果他跟你分手是第二种原因的话，那还可以试图挽回。

那么如何判断男友分手的原因是第一种还是第二种呢？一般如果他是为了别人决定跟你分手的话，那么肯定是事先准备好的，他会比较冷静，分手台词也是经过深思熟虑的。所以在他提出分手之前，肯定能看出一些迹象。例如突然变得很冷淡，亲密接触变少。或者是你找他的时候，他明明很空，却显得不耐烦。

如果是这种情况的话，那么最好的选择就是离开他不回头，不纠缠，这样反而会让男方觉得你有骨气。

如果男友分手的原因是第二种的话，那么若是他压力释放了，说不定还有挽回的余地。当然这段感情能不能挽回，除了男方的想法之外，还要看女方自己想如何处理。

若是男人觉得你太烦的话，那么最好的办法就是停止烦他。这个时候无论是发脾气还是写感人短信，都会让他反感。若是发脾气的话，他会觉得分手这个决定是正确的，“她”本来就是一个无理取闹不可理喻的人；而这个时候若是还缠着他，嘘寒问暖或是发感人短信，也很难让他感动，更大的可能性是他还是觉得烦。

这种时候最好的办法是冷处理。当他决定要分手的时候，首先要表现得很冷静。切记这个时候千万不要恶言相向，若是在分手的时候，把他的祖宗十八代都不小心骂了个遍，就算男方日后有意向复合，他也会为了维护自己的面子而放弃。

人在心情差和压力大的时候，很容易产生“displacement”（情绪移植）和“misattribution”（错误归因）。

在事情很多、工作很累的时候，人容易情绪移植，很有可能把工作上的不愉快所导致的负面情绪带到感情中。而且这种时候，男人很容易认为自己的不悦是因伴侣引起的。

错误归因指的是压力大的时候，把压力的来源错认为是伴侣带来的，在这样的错觉下会让人作出分手的决定。这种错觉会让男人误以为只要分手，放弃感情，那么所有的问题都会解决。

所以在这种情况下，最好的挽回方式就是分开的时候提议做朋友，保持联系。例如生日节日发个短信，如果他有复合的意愿，便会在压力减少后，或者分手后发现压力还是存在时，主动找回伴侣。

无论男人还是女人都好面子，而且男人在某种程度上比女人更加在乎自己的面子。所以若是分开时处理不好的话，很有可能就这么错过了；而在对方愿意复合的时候，也记得要给对方台阶下哦。

3.4 分手后在社交网站上的各种表现

很多女孩子分手之后，会想通过社交网站等种种路径，挽回自己的男友。

第一种就是天天发帖，显示自己有多难过，吃不下睡不好，各种方式折磨自己。发这种状态的人，大多数都希望对方看到自己不好会心生怜惜，会舍不得继续伤害自己，会因此挽回这段感情。

可是若是一个男人真的决定要分手，他肯定知道自己的决定会给对方带来伤害。而若是他已经爱上了别人，那么你再怎么难过，就算他不是完全无动于衷，也不会做出任何表示。所以这个时候在社交网站上显示出自己的懦弱，并不能挽回男友，只是让别人看笑话罢了。

另外一种就是在社交网站上，不停地发自己过得有多好。例如从来都不发照片的朋友，会在失恋后天天发一两张自己的照片，来告诉前男友，没有他，她还是可以过得很好。这么做若是想挽回前男友，让他后悔的话，是没有用的。若是他不想跟你在一起，看到你没有他很快乐，反而正中了他的下怀。若是起初他对你有些愧疚，可是看到你过得很好后，连愧疚都没有了。还很有可能觉得你没有他过得更好，分手反而是他为了你做了一件好事。

那分手后到底如何才能让男友心中不痛快呢？

其实若是他不在乎你了，无论你做什么他都不会在意。可是若他对你还有一点在乎，那么不让他得到你的任何消息，才会达到目的。比起知道你过得不好或者是知道你过得很好，对一个还在乎你的人来说，忽然没有了你的任何信息、不知道你过得怎么样了，才是最大的不悦与折磨。

在不知道你近况的情况下，若他真的在乎你，那么他就很有可能主动联系你。所以最好的办法就是什么都不发布，玩一回“失踪”。

3.5 分手后如何最快减轻伤痛

相爱是一种很美好的感觉，感情破裂确实会让人痛不欲生。心理实验表明，一段很深的感情破裂所造成的心理伤害，短期来讲不比生离死别轻。因此如何调节分手后的情绪尤为重要。虽然治疗一

段情伤没有捷径，可是有一些方法还是可以缓解痛苦的。

第一，分手后最需要避免的就是钻牛角尖。很多女孩子喜欢把男人分手时候说的话，在脑海里无数次回放。一遍又一遍地演示，然后再把男人的谎言和借口一个个击破。其实既然决定分手了，无论男人说了什么都无所谓了。就算你当时说的观点都正确，就算让对方理亏了，或是大吵一架赢了对方，还是于事无补，挽回不了对方的心。因为男人想分手的时候，他说什么都只是借口，所以根本不必认真思量。钻牛角尖不能解脱，只会让自己越发痛苦。

第二，分手的时候最忌讳批评对方的不是。在要好的姐妹面前骂前男友，是一种排解压力的方式。可是如果到处去说，说多了别人就会觉得你很烦。总说自己选的男朋友有多烂，只会让别人觉得你没有眼光，同时自己也会觉得遇人不淑，因此顾影自怜悲观失落。所以让前男友在自己和朋友心中保留一个好印象，会让大家认为你们分手只是客观原因造成的，而不会怀疑你的眼光。

第三，分手之后要尽量做到眼不见为净。很多人以为知道前男友的动向，会让自己觉得好过一些，还喜欢拿自己跟前男友的现女友去比较，其实这都只不过是徒增自己的痛苦罢了。就算你的条件比前男友的现女友好，也不会带给自己任何快感；若你的条件没有前男友的现任好，那么又很容易导致对自己的不满，产生自卑感。所以这种情况下，眼不见为净才是最好的选择。很多人认为多看看前男友的社交网页，看他们秀恩爱，会慢慢变得麻木，这也是一个误区。只要自己没有放下，看多少遍、痛多少回都不会麻木，只能是让自己更加不快乐。所以为了自己好，分手后要避免这个误区，“好奇害死猫”。

每一个人对于如何说服自己放下，有着不同的方式；每个人的性格，又决定了自己适合什么样的恢复方式。其实分手后真相是什么样已经不重要了，重要的是你如何看待这件事情；对方还记不记得你也不重要，重要的是你自己如何品评这段感情。

对于有一些人来说，把对方想得越坏越好，这样他们可以说服自己这段感情没有什么可以珍惜的。另外一些人喜欢把对方想得很好，然后用感情淡了来说服自己，男人她没有看走眼，只是不合适。

对于分手时或是分手后是否还爱着，也有两种看法。很多人喜欢在分手后把对方想成冷血动物，对自己完全没有感情了，这样他们可以好过一点，也比较容易放手。另外一种人觉得对方在分开的时候还是爱着自己的，只是因为客观原因才分手，这样他们心理比较好过。

只要熬过了最难过的阶段，学会放下，分手就没有那么痛苦了。

3.6 为什么在一起久了会觉得伴侣变了

两个人在一起久了，很多人会觉得他或她跟当初的样子不太一样了，一些人甚至会因为这种改变选择结束婚姻。

身边很多闺蜜跟我抱怨她们的男朋友对她们没有以前好了，而身边很多男性朋友也常常抱怨自己的女朋友脾气越来越差了。这到底是为什么？难道真的是在一起久了心生讨厌吗？

为什么情侣常常会觉得对方对自己没有当初好呢？有了这种变化到底要不要选择分手呢？

在心理学中，这种现象叫regression towards the mean（趋均数回归）。趋均数回归，同样也是一种统计学的现象。这种现象的意思是，**所有不正常夸张的数据，都会回归均数和平均值**。**而在感情里，这代表了刚开始在一起的用心最后都会回归正常**。

男孩刚开始追女孩的时候，会特别用心，常常准备惊喜，特别照顾女孩，天天嘘寒问暖。后来慢慢地他不再愿意特别地来接送你了，短信数也变少了，回短信的速度也越来越慢了。这个时候女孩会变得多虑疑心：他是不是不爱我了？是不是喜欢上别人了？而在女孩犯疑心病的时候，男孩会觉得女孩变了。他们会觉得你以前不是这样的，现在为什么这么不可理喻，这么无理取闹且脾气大。其实这种恶性循环的元凶，就是所谓趋均数回归的现象。

当一个男孩追你的时候，他的目的性很明确，他所有的注意力和精力都花在你身上，而这种精力和注意力是超出正常范围的。所以当在一起久了之后，男方就会慢慢地恢复正常。而在正常的相处中，他会把精力慢慢放回到别的事情上，例如学业、工作、朋友和自己的兴趣爱好。所以当你发现自己的男朋友没有以前那么对你好的时候，千万不要觉得他不在乎你和不爱你了，他只是在慢慢地恢复正常的生活；就像很多女孩子也会发现自己没有当初那么喜欢自己的男朋友，或者没有刚在一起的时候那么能容忍他了。

那很多人又会问，我在发现他变了之后，没过多久他就真的跟我提分手了，而且还说变的是我不是他。他果然还是不喜欢我了，还找了这么烂的理由。

其实这是因为女方觉得男朋友没有以前那么关心她，疑心病越来越重，才导致的悲剧。男孩在恋爱谈久了之后，最怕的就是女孩天天烦天天吵。他会觉得你变了，以前你从来不试探他不过问他的事，可是现在你天天跟侦探一样盘问他的行踪。有时候他跟你说了实话你又不相信，还哭闹着说他撒谎。因为女方紧逼导致男方无法呼吸，天天都处于紧张状态，最后为了缓解这种不愉快的情绪，只好选择分手。所以一般这种情况，分手都是女孩子逼出来的。

有一些女孩特别是涉世未深的小妹妹从网上得知，一个男人回你短信的速度，跟他在乎你的程度成正比。所以当男朋友回短信越来越慢，她就会觉得他不爱她了，还为了这种小事跟男朋友闹，导致最后分手。其实人家真的只是忙而已。作为一个成年人，很多时候在对对方有要求的同时，也要多看看自己，多替对方想想。

我身边的两个朋友，正好为这个理论作了验证。

A小姐认为男人都会变，她的每一段感情都只能维持三个月到半年。她觉得为了避免受伤，一旦发现男方没有以前那么对她好，就意味着不喜欢她了，于是她就马上选择分手。如今二十五岁的A小姐已经交了十来个男朋友，可是从来都没有稳定的发展对象。这都是她这种先入为主的观念惹的祸，她觉得男人都是会变心的。

B小姐与A小姐不同，她的四五段恋情中有三段都超过三年。

所以B小姐认识到，随着时间的推移，男人对自己的态度都会改变。而这种改变不是因为不喜欢自己或者喜欢上了别人，而是非常正常的事情。所以B小姐不会因为男友没有以前那么对自己好而吵闹，如今年近30的B小姐马上就要与交往了近四年的男友结婚了。

心理小建议

不要因为觉得男友变了而犯疑心病，导致他无法忍受而要求分手。请认真思考男友是不是只是恢复了正常。同样也要考虑热恋的时候，大家都头脑发热把爱情看得很重，可心情平复后会发现很多其他东西也同等重要，如事业、学业、家人等等。所以女孩子们要理解，男朋友只是把热恋时候忽略了的东西慢慢地捡起来罢了。

3.7 以前吸引你的地方不再吸引你了

另外一个会觉得自己伴侣变了的原因是，之前他吸引你的地方不再吸引你了。美国心理学家通过问卷式实验发现，有些男人的特征非常吸引女孩子，例如外表冷酷、不爱搭理人、沉默寡言，典型

的坏男孩形象。可这些特征所导致的分手最多。

例如很多女孩子会被坏男人吸引，刚开始在一起的时候可能会觉得很刺激，觉得他骑重型机车很帅，抽烟喝酒很有男人味。可是日子久了之后，就会觉得那种男人可能让你很没有安全感，觉得那不是自己想要的生活。然而人类是一种不喜欢承认自己犯了判断错误的动物，所以会觉得是自己的伴侣变了，而不是自己判断错了。

就像很多女孩子会被外表冷漠、沉默寡言的男人吸引，觉得冷冷的男孩子很帅很有魅力。可是日子久了就会发现，沉默寡言的男人不够关心你，不擅长表达的他，达不到你对恋爱的要求。这种情况下，女孩常常会觉得是男方变了。而男方会觉得很莫名其妙，因为他们从一开始便是如此。

这时候你觉得他变了，可是其实他们没有改变，只是当初你认为的优点变成了缺点。所以女孩子在选男朋友的时候，要想清楚，这个优点是长久的，还是只不过是现在看起来很迷人。

大学时候有一个朋友X小姐，喜欢上了一个不爱说话的男同学W。刚开始在一起的时候，X小姐觉得对方不爱说话给人感觉酷酷的很好。可是后来X小姐慢慢发现X不擅长沟通，也从不主动找她，也不主动跟她聊天。交往了半年之后，X小姐跟朋友抱怨W先生变了，变得越来越沉默寡言，也变得越来越冷漠。可是X小姐的朋友都觉得W先生没有变，他向来就是一个不爱表达自己，也不爱说话的人。

不只是男人，女人也有很多特性，一开始很吸引男人，可是最后却变成了分手原因。例如喜欢出去玩、特别是玩夜场的女孩子，一开始男人会觉得她们性格开朗朋友多，性感的打扮也非常吸引人，让男人很有占有欲。

可是在一起之后，他们便会觉得经常出去玩或者男性朋友很多，是不是在搞暧昧，而且出门穿着性感也会让男朋友觉得很不舒服。在一起久了，男方就会觉得你怎么变得这么爱玩，你什么时候变得喜欢到处搞暧昧。其实这些女孩子一开始就是这样的，她们没有变，变的只是对方对她们的看法。

心理小建议

为了避免日后觉得自己的另外一半变了或者不合适了，在一起前就要想清楚对方现在的性格会不会给未来造成困扰。对于大部分的人来说，男孩子过于冷漠和不擅长表达自己的情感，到最后都会给感情带来困扰。

人都喜欢被在乎，所以虽然外表冷酷的男孩子可能一开始让人觉得很帅，到了最后，这种帅气却很有可能成为分手的导火索。

3.8 情人眼里出西施

让情侣觉得对方变了的另一种错觉，就是情人眼里出西施。在交往之前和刚开始交往的时候，情侣非常容易忽略对方不好的地方。东方古人云“情人眼里出西施”，西方莎士比亚写到“Love is blind, and lovers cannot see.”（爱情是盲目的，恋人常常看不见。）

热恋时人往往只看到对方好的地方，热恋期过后才渐渐地发现对方的瑕疵，之后就会产生错觉，怀疑对方是不是变了。

所以很多情侣在另外一半指责自己变了的时候，都认为自己没有变。或当对方嫌弃自己某个地方不好的时候，常常会想我们交往的时候我就一直这样，你不喜欢当初为什么要跟我在一起。其实不是对方变了，也不是为了分手找理由而胡乱指责，只不过是情人眼里出西施，三个月后才发现西施其实是东施。

大学时有个男同学L，交了一个女朋友J。J是一个很喜欢买东西的女孩子，她身边所有的朋友都知道她是一个购物狂。刚开始交往的时候，L完全没有察觉J喜欢买东西。就算去J家看到鞋柜里堆满了鞋子，L也忽略不见。

可是在一起久了之后，L突然发现J是购物狂，认为是J的朋友把

J带坏了。后来L还因为这个原因经常跟J吵架，也闹过几次分手，他指责J变了，说她交了不该交的朋友，最终两人以分手散场。可是事实上J并没有变，她向来就很爱买东西，只是因为L在热恋的时忽略了J的这一点，所以才觉得J变了。

◆ 马后炮

这三个例子都告诉大家，其实第一认识很难改变。所以当你认为你的另一半变了的时候，有可能事实并非如此，提醒大家在交往之前就看清楚对方是什么样的人，这样可以避免双方互相伤害。

另外，也提醒大家不要觉得自己可以试图去改变对方，任何一个人的改变都需靠自己，只有当自己受伤了或是受到了某种启发想改变的时候，才会真正有所改变。这些改变的根本都源于自己，而不是他人。

高中时有个同学R，她最好的男性朋友是学校里出了名的浪子W，女朋友向来都是两三个月换一个。R一直喜欢W，可是W一直都不知道。高三的时候W不知道怎么了，突然想跟R在一起。就算身边所有朋友都劝R不要跟W在一起，R都不听。R坚持认为自己可以改变W，认为自己一直是W最好的朋友，一定会有所不同。W也一直答应说自己已经浪子回头，会好好地跟R在一起的。可是三个月后，W还是跟R分手了。分手后没过几个星期，就开始光明正

大地追学妹了。

就算R这么了解W，W和R的关系曾经那么好，浪子还是没有办法改变自己的个性。所以女孩们千万别傻，本性难移，浪子就是浪子，是不会回头的。

无论是男人还是女人，都不会为了另外一个人改变，就算变了也只是暂时的。若是对方为你改变了，记住他不是为了你只是自己想通了。例如一个男人不会为了女朋友改变自己的穿衣品位，如果真的变了他一定不是为了你，而是觉得这个改变是对自己有利的。所以不要去妄想让别人为你改变，二三十年的习惯是改变不了的，更何况现在科学家发现，性格很多地方其实是跟DNA有关的。

◎真的是患难见真情吗

除了感情不和及喜欢伤害别人这些内在原因之外，导致感情破裂的原因还有外在的，例如社会压力、生计原因等。

小说里和电影里常演男主角或是女主角患了绝症，对方矢志不渝一直守在身边；或是主角出了车祸或其他事故变成残疾，爱人依旧不离不弃。可是现实生活中，最常见的是另一半因为得了重病或变成残疾而遭到抛弃。在美国，经济大萧条时期，丈夫破产后妻子带着孩子改嫁也很常见。

所以，到底是患难见真情，还是大难临头各自飞呢？

美国心理学家研究表示，其实遇到困难的时候，双方的感情是巩固还是破裂，在于这个难关是否过得去。而评估这个难关最好的方式就是查看资源。当双方觉得资源足够的时候，会选择一起度过难关；而当有一方觉得资源不足以帮助他们度过难关时，就会放弃。

例如，如果因为丈夫不能工作而妻子的工作足够养活这个家庭，丈夫可以照顾自己的起居和顺便带孩子，那么这段关系就不容易破裂。可如果失去工作后，丈夫不但不能为家庭提供生活保障，还无法自理，那么感情破裂的可能性就非常大。

同样，当一方患了重病需要花费大笔医疗费，而家庭的收入和积蓄可以负担这部分费用，那么度过这个难关会加强夫妻的感情。可如果这笔医疗开销太大，导致夫妻最基本的生活都成问题，那么就算度过了这个难关，之后也会出现问题。

◎患重病

大学时一个教授说，他的同事新婚没多久太太就患了癌症。经过了无数次的化疗和三年多的时间，他的夫人暂时康复了。当然身为大学教授所拥有的资源比一般人要多出许多，所以对他们来讲，撑过了难关可以让感情更加稳定。之后只要是他们之间出现争执或者是吵架，这位教授都会想起他们夫妇连癌症都可以战胜，世界上

还有什么是他们两个不能一起撑过的呢。

小学老师的一位同事，她丈夫得了癌症，虽然后来康复了，可是用完了家里所有的积蓄，连房子都抵押出去了。康复后她的丈夫身体非常虚弱，一直不能工作。最后因为受不了经济的压力，她选择抛弃了丈夫。癌症不止用光了所有的钱，还让她丈夫成为了家里最大的开销，在这种情况下就算克服了病魔，感情还是会破裂。“贫贱夫妻百事哀”也就是这个道理。

◎经济危机

其实资源够不够，不只是客观的理由，还有主观的理由。

美国经济萧条的时候，很多人破产或被辞退。丈夫失去工作的时候，如果妻子觉得资源足够，那么就算很辛苦也硬撑过去；可是如果觉得资源不够，就算存款还是很多，感情也会出现问题。

在美国，普通家庭的妻子在丈夫失去工作的时候，愿意陪丈夫撑过谷底，有一些甚至让丈夫作家庭主夫，在家里烧饭带孩子。可是很多有钱人的妻子，在丈夫宣布破产后，狠狠地抛弃了丈夫。虽然俗话说瘦死的骆驼比马大，可是这些女人对于生活品质的要求却高很多。所以就算实质性的资源较多，她们主观上也会觉得不够。就像美国好莱坞电影《华尔街的狼》中所演绎，男主角金融大亨乔丹·贝尔福特因为诈骗被捕之后，他的妻子便带着孩子离开了他。

◎问题儿童

很多时候家庭感情失和，也跟孩子有关。当一个先天有缺陷的孩子诞生的时候，会给这个家庭带来很大的压力。

除了先天性有缺陷的孩子之外，问题儿童也可能是家庭破裂的导火线。问题儿童是指在学校学习成绩不理想，又很容易跟老师和同学们发生冲突的孩子。

小学时我有位男同学S，很小的时候他妈妈就去世了。S的父亲是个很成功的商人，很少有时间陪他，所以S从小在心理上有一定的情感缺失。小学的时候，S的爸爸给他找了一个继母。学校所有的老师都感觉得到S有了这个继母之后，改变了很多，乖巧了很多。可是好景不长，就算他有所改变，但还是个问题小孩。他在家里常常跟保姆吵架，甚至还把她打伤，结果继母因为受不了S，跟S的爸爸离婚了。这个继母之后，S又有两任继母，也因为受不了S，最后都跟S的爸爸离婚了。

跟S这种情况相似，很多夫妻因为问题儿童离婚，有些是因为孩子在家不听话，有些是因为孩子在学校的问题导致离婚。

这种离婚不是因为夫妻之间出了问题，而是为了逃避孩子所带来的困扰。所以有的时候教育孩子和给孩子正确的心理辅导，可以避免自己的婚姻出现问题。

第四章

最终我也变成了海水鱼·

选择了你之后呢？

俗话说“相爱容易相守难”，前面几章诉说了相爱到分手的过程，这一章将要教大家如何提高相守的几率。

爱情毕竟是有期限的，不可能一辈子处于热恋中。热恋后如何熬过磨合期，是个非常大的考验。而磨合期之后还需要继续磨合，任何一段关系都需要经常磨合和不断忍让。只要相处久了，无论是情侣还是朋友，都需要磨合。所以好朋友之间常常也会吵架，我们与父母之间的矛盾也会比较多。

美国心理学家认为，感情破裂很难修复，很多时候就算是暂时看起来修复了，最后还是会破裂。所以最好的维持感情的方法，并不是修复而是预防。

本章会从相处模式来分析感情破裂的原因，并就如何改善相处模式来达到预防的效果提出建议。

4.1 爱情和婚姻到底是不是一种交易

如果说爱情和婚姻是一种交易，似乎太过现实。可是爱情真的与交易无关吗？婚姻难道真的是无利可图吗？

在心理学中，其实没有一种关系不牵涉到利益。无论是爱情还是友谊，都是各取所需的，孩提时体现在一起游玩和快乐中，慢慢长大后便体现在共同的兴趣爱好中。例如坐下来有话聊，互相陪伴一起游玩，都是一种互相取利的过程。

所以无论是友谊还是情侣关系，当有一方得不到自己所需要的东西时，就会选择结束这段关系。就像年轻人特别是读书的时候，谈恋爱稍有不顺心，不快乐的那方就会想分手。对于年轻人来说，出现问题不一定是伴侣的原因，很有可能是由于自己压力大或者遇到了什么困难而选择抛弃伴侣。在烦躁的时候，结束恋爱关系可能是减轻压力的最好办法。

进入社会之后，恋爱不再只是单纯的索取，社会人士的恋爱要复杂许多。除了两情相悦的快乐之外，可能还有经济和时间的因素。跟经济理论一样，每个人都会计算自己的付出和收获，也会权衡得到的回报和付出是否同等。

无论是否是为了利益而开始一段感情，或者结束一段感情，在这段感情中如何相处，都与利益和付出息息相关。你的另外一半会怎么对待你，最终还是要看你怎么对待他。若是一方凡事以对方为先，那么对方一般也会为他（她）考虑。

感情像投资一样，有付出才会有回报。若是没有付出就想得到回报，就算得到了一些，也是短期的。每个人对于感情的付出和回报都自会量度，计算公式也不只是感情方面的回报，而是感情和物质回报的综合考虑。

其实就感情而言，不是所有的付出都有回报。可是若是不付出的话，那么就一定没有回报。无论再愚笨的人，都会计算谁付出的比较多谁又相对少。当付出没有看到回报的时候，有些人就会停止付出。无论一开始你是不是先付出的那一方，只要你不付出就得不到回报。

每个人付出的方式不同，想要的收获也不同。在感情中愿意付出金钱的，往往是想得到对方情感上的付出；而一些希望得到别人金钱的人，愿意感情上多付出些。例如女方希望得到男方经济上的补助，一般会表现得特别乖巧顺从。

最后能长久的感情，基本上是双方都觉得自己的付出和报酬是成正比的。若是付出比得到的多，那么就像经济交易和投资一样，觉得自己亏损了的那一方就会停止投入，那么合作关系就会终止。虽然感情和婚姻不完全像一种交易，可是任何合作，双方都是会计较付出和回报的。而感情中的回报与经济不同，付出与回报都没有一个特定的标准。很多时候，有可能一个人的付出并不会被对方看到；而对方的回报，可能跟自己想要的也不一样。

比如，一个人希望得到的是伴侣的贴心照顾，可得到的却是伴侣金钱上的大度。对于伴侣来说，对方贴心的付出似乎得到了同等的回报，可是收到的人却不这么认为。

所以在爱情的交易中，不能只用自己的方式去爱着对方，还要用对方认可的方式，不然再多的付出也是徒劳。

4.2 感情和东西一样，坏了要修而不是换

无论是国内的微博还是国外的脸书（facebook），有一段话经常被不停地转发："有一个年轻人问一对九十岁的老夫妻，那么多年他们是怎样让爱情保鲜的?"这对老夫妻回答，"我们这代人因为条件艰苦，所以东西坏了总会想办法修好，不像现在的年轻人，东西坏了就换或者直接丢掉。"

东西如此，感情亦如是。其实现代人最不懂的是珍惜。觉得东西坏了，有钱就换个新的；恋人又不是找不到，不舒服了大不了就换一个。

而这种"东西坏了就要换"的心态，就是很多感情从只是细微的裂痕发展到无法修复的罪魁祸首。

"心想事成"常常被当作过年时的吉祥话，或说来哄别人开心。**但在心理学中，"心想事成"非常地重要，很多时候心态决定了事情的成败**。

如果抱着这种"大不了换一个"的心理，当感情出现裂痕时，就很难修复了。不是说裂痕或隔阂修复不了，而是因为你觉得随时可以替换就没有耐心去修复。心理学中把这种现象叫自我实现的预言（Self Fulfilling Prophecy）。

“自我实现的预言”意思就是，当某件事情或者结果被认定了后，它就会发生。所以心态常常也会导致最后的结局。例如老一辈觉得东西坏了就一定要修好，因为有这种一定会修好的心态，他们才会竭尽所能去完成这个任务，因此他们会不停地努力来维持一段感情；而年轻人觉得东西坏了就换一个，保持着这种心态的人，是不可能花时间和心思去好好修复一样东西的。如果你连付出都不愿意，那怎么可能修好呢？

另外，那个年代离婚会给他人留下不好的印象，所以在老一辈的心里，继续下去是唯一或者说是第一个选项。因此多数夫妻心存不能离婚的想法，会努力去修复破裂的感情。

如今的年轻人与老一辈不同，在感情中他们有更多的选择。很多人在进入一段感情之前，就抱有“不合适就算了”或是“不行就换一个”的心态。

更夸张的是，很多人在结婚前就想过，结婚可以不止一次，结了不合适还可以离。

如果从一开始就抱着可以放弃的心态，那这一段感情就很容易破裂并宣告结束。就像如果抱着“修不好就换一个”的心态，那东西也好感情也罢，一定就修不好了。

所以一段感情是否能长久，在于双方的心态和心理暗示。如果一开始就觉得会分开或者分开没啥大不了，这种心态会影响之后的所有决定、思维和处理问题的方式，导致最后的结局跟起初设想的一样。如果你抱着感情一定会长久，出了问题一定能解决能修复的心态，那么成功率就会大大提高。

我自己的外公外婆就是最好的例子。他们刚刚过了结婚60周年纪念日，不但重新拍了婚纱照，外公还拿积蓄给外婆买了一克拉的钻戒。

很多人都诧异外公为什么这么多年都可以一直让着外婆，无微不至地照顾她。有一天外婆发脾气，我很困惑连我都觉得是无理取闹，为什么外公还是可以如此包容她。后来我问了外公，外公说真正的男人就是要坚守承诺，当初结婚的时候答应要爱她照顾她一辈子，就是要做到，做到了才是真男人。保持着一定要对外婆好的想法，外公疼了外婆一辈子。

相反，现在多少人在人前说会爱对方一辈子，可在定了婚之后又反悔。我遇到过最夸张的例子是一个男性朋友，他虽然交过很多女朋友，可也不能算是个花花公子，因为他对每一段感情都很认真。只是他一直抱着如果在一起不开心就分手，结婚了还可以离婚的心态。

近期这位朋友跟身边的好朋友都说自己要结婚了，订婚宴的日子也基本上定下来了。按照传统习俗，婚介安排好了，彩礼也送到女方家了。最后订婚宴前一个星期，他突然跟我们说这婚他不结了。原来是在婚礼筹备过程中，跟女方家里发生了点不愉快，让他觉得不合适了。当女生的朋友指责他说都求婚了怎么可以变卦的时候，他却说婚结了都可以离，订了婚反悔没有什么大不了的。

如果一开始就抱着有退路的想法，碰到事情就很可能退缩，感情和婚姻也是如此。

心想事成，跟心理学中的自我实现是一样的道理。感情跟实质性的东西不一样，很多时候没有客观的说法。所以在没办法用客观的方式去评论感情的时候，只能去自己衡量。就像俗语说，鞋合不合适只有脚知道，别人可能觉得鞋子看上去不舒服，可是鞋子到底合不合适只有穿鞋的人才清楚。这个时候只要自己觉得感情没有问题，可以坚持下去，成功率就非常高。

我有两个朋友，第一个女生J小姐交了一个大家都觉得不合适的男朋友。她身边的朋友们都觉得，他们无论是兴趣爱好还是家境品位都不一样，两人一同参加活动，外形看上去也不登对，是违和感非常强的一对情侣。可是J小姐一直认为她的男友是灵魂伴侣，觉得他非常适合自己，他们的感情也非常好。不管别人怎么看怎么说，J小姐一直觉得自己很快乐很幸福，跟男友的感情也

非常长久。

我的另外一位朋友Y小姐，与J小姐不同。在跟S先生谈恋爱前，Y小姐就觉得他们两个不合适。S先生追Y小姐的时候非常用心，对她也非常好，所以Y小姐答应了跟S先生在一起。

身边的朋友也觉得无论是外形还是个性，Y小姐和S先生都非常般配，有时大家甚至觉得S先生对Y小姐好过了头，可是Y小姐自己却觉得S先生配不上她，还觉得S先生对她没有那么好。

后来Y小姐常常为了S先生对她不够好而跟S先生吵架，无论身边的人觉得他们有多合适，大家公认S先生对Y小姐有多好，半年后Y小姐还是跟S先生分手了，因为Y小姐自己觉得他俩不合适。

所以，别人的意见和看法并不能维持一段感情，感情中最重要的是自己的想法，是否合适主要倚赖于你自己的感觉。

综上所述，维持感情的一个秘诀就是心想事成。只要坚定地想要在一起，自己坚信合适，那么成功率就非常高。

4.3 除了父母，世界上不会有无条件的爱

现在很多80后和90后都是独生子女，我认为他们婚姻中最大的错误观念就是，“你既然爱我，就应该无条件地接受我的一切”。

虽然爱一个人就要爱他的全部，包括缺点和优点。可是这个世界上除了父母以外，没有另外一个人会无条件地爱你(unconditional love)。

身边一些二十出头的朋友，和三十左右的新婚女性朋友，常常跟我抱怨她们的男友和老公。她们最常说的就是，觉得对方对自己不够好，或者付出不够多。可事实上她们自己对男友也不够好。在她们眼里，爱情就应该像电视剧演绎的那样，赴汤蹈火在所不辞，例如无论何时何地，短信都要秒回，或者自己睡不着的时候对方也不能睡。只要男友无法满足自己的要求，就是不够爱自己。

这个年代的很多女孩子都活在假象中，认为真正爱你的人，就应该无条件地爱你，无限度地为你付出。这种假象也是很多情侣和夫妇吵架的源头。如上所说，爱情其实也是一种交易，没有一方会愿意为对方无条件地付出，每个人对于自己的付出和得到的回报都会衡量。所以在任何感情中，除了自己的父母之外，没有人会对你

无条件地付出。

意识到这一点，就要学会去理解：别人为自己所做的，并不是责任范围之内的事，而是一种付出。这样不但自己会比较快乐，同时也会体谅别人。

无论是工作还是感情，都没有不劳而获的，都是自己付出多少才会得到多少。所以不要对自己的男友或者是老公提出无理要求，这样很有可能会把他们推到另一个善解人意的女人怀里。

4.4 感情中最忌讳泼冷水

生活不像恋爱。两个恋爱中的人，在一起相处的时间非常有限；可是真正一起生活之后，朝夕相处，就会了解对方更多的习性、脾气、好恶。网上常看到有人感叹，“我们总是把最平和的一面展示给陌生人，却把脾气最坏的一面留给了最亲近的人”。我们常常在无意中伤害着自己最亲的人，而小心翼翼地对待陌生人。

只是很多人会觉得，如果不能在最亲的人面前表现出最真实的

自己，那活着不会很累吗？

于是在关系好的人和亲近的人面前，大家会表现出自己最真实的一面，因此也会说出自己最真实直接的想法。可是，这种毫无修饰的真实，往往会伤害我们最在乎的人。

而这种伤害不只是对亲人发脾气，更是在对各种感情泼冷水。

如何才能不泼冷水？

不泼冷水不代表着要你说谎，而是要我们换种说话方式，避免伤害对方。我们要时刻记住这一点——无论多么亲近的人，都喜欢听好话。

比如，当别人兴致勃勃地说一件事情的时候，就特别忌讳“泼冷水”。可能只是一些小事情、小成就，在你看起来并不重要，可是在别人眼里却是非常值得骄傲的事。这时候如果泼人家冷水，说的人不但兴致全无，还会感到失落。

心理研究显示，“耐心”其实是有限的，“耐心”也可以被消耗。在这里，“耐心”可以被理解为一个人的自我控制能力。每个人的个性和习惯不同，每天的“耐心”度也不同，而相同的是每天可以支配的“耐心”是有定数的。如果在外面受到了压力，过度利用了耐心，回到家里时，“耐心”的可使用度就会大大下降，体现出来的就是，会对家人、对亲近的人态度反应激烈，表现得相对

比较刻薄。若是在这种情况下被泼了冷水，非常容易引起矛盾和争吵。就算当下忍住了，但经常被泼冷水，不但会造成不愉快，也可能在感情中产生裂纹。

我常常听到女性朋友抱怨，自己节省了很久终于买到了中意已久的鞋子、衣服和包包，兴致勃勃地跑到男朋友面前想跟他分享自己的喜悦，却常常被他们“泼冷水”。他们会说，“这个很好看吗？值这么多钱吗？”“你省那么久就为了这个？”或者更过分的就是“你跑过来就是给我看这个，我很忙的！”

而最常听到男士抱怨的，就是自己的另外一半对自己的工作或者兴趣爱好不“感冒”。可能工作本来就无聊，日子久了很多女孩子变得不喜欢了解自己男友在工作上遇到的事情。例如男方接到了一个公司很重要的case，或者签了一个很大的项目，兴致勃勃地来跟另一半分享，而她则是回应了一声“哦”。

这样被“泼冷水”，对于男人的自尊心伤害很大。因为男人的自尊心比女人重，所以被“泼冷水”的严重性和失落感也要比女人大很多。

有些中年男士因为在自己的妻子那里，自尊心、虚荣心得不到满足，就去找其他女性聊天，可能聊着聊着就出问题了。

台湾有一档收视率非常高的由三个中年男人担当主持的综艺节

目，节目的主题常常是一些比较辛辣的两性话题。节目中，一位年近四十的资深男士聊到自己的离婚理由时，说因为太太对他态度冷淡，常常泼他冷水，对他讲的事情不感兴趣，他只好去找年轻的小妹妹聊天。那些小妹妹都会表现得很感兴趣，很崇拜他，会一直附和说“真的吗”“好厉害啊”“真的很了不起”。最后这位男性的妻子发现了他与小妹妹的聊天记录，并要求离婚。

这个例子告诉大家，很多时候不是他想出轨而是你逼他出轨的，可能一开始他只是想找个说话的人罢了。

平淡的日子里只有柴米油盐，两个人若是不聊工作生活，那还可以聊什么呢？冷水被泼久了是会累积的，终有一天会爆发。而很多时候因为被泼的冷水多了，就变得不愿意跟另外一半分享自己的生活。这样一来双方的沟通就会减少，最后很可能导致更严重的问题。

所以到底要怎么做才好呢？

如果那一天真的很累，没有精力好好听对方说话，要让对方知道。这样他就会明白不是自己不好，或者自己的事情不够重要，而是你真的已经很累了。例如可以说，“我今天上班很累了，只想一个人休息一下，明天再说好吗？”或者“我不是想敷衍你，可是我今天真的没什么精力。”当然这只能在真的很累的状况下才可以用，用多了对方会很不满的。

最好的方式还是，无论有没有兴趣、在不在乎对方诉说的事情，都要表现出很想听的样子。

台湾还有一档很有名的节目《康熙来了》，有一次邀请到了一位Y姓贵妇艺人，被问到如何保持夫妻感情时，她说虽然很多时候她丈夫讲的事情，她完全不感兴趣，可她还是表现出很在意的样子。他的丈夫非常喜欢研究车，可她对车一窍不通。当她丈夫在小区车库夸奖邻居家汽车车轮有多么厉害时，她无论在心里翻了多少次白眼，还是会好好地听完。

她说丈夫工作回家很累的时候，不想听你抱怨小孩，只想找个人说说自己感兴趣的事情。所以抱怨和不满可以留着和姐妹们一起吐槽，而老公只需要一个耐心的聆听者。

所以，请不要把自己最差的一面留给最重要和最关心你的人，少泼点冷水，多给点鼓励。

4.5 最大的误区就是喜欢攀比

这些年网络上流行着两大神物，就是别人家的老公和别人家的孩子。

无论是夫妻还是男女朋友，相处久了之后，都很喜欢拿自己的另一半和别人作比较。很多人常常把别人的男朋友怎么帅气，或是别人的老公怎么优秀挂在嘴边。

其实无论是男人还是女人，都很讨厌被别人拿来比较。如果常常拿别人老公的经济条件，如住房地段和座驾等，来跟自己老公比的话，男方会觉得女方势利、爱慕虚荣；如果拿学历、工作来比，

男方会觉得你看不起他；如果拿外貌和身材来比，男方会觉得自己被嫌弃了；如果抱怨他没有别人细心，或在小事上对你关心不够，那么男人会觉得你要求太高了……

其实每个人都有自己的生活方式和个性癖好，两个人不可能完全相同，个性也有好有坏。例如细心的男人虽然对女朋友和老婆细心，可是很有可能会有非常重的洁癖。所以不要羡慕别人所拥有的，说不定自己的情况比别人好很多。

美国心理学家研究显示，不喜欢比较的人要比喜欢比较的人快乐很多。

大多数人、大多数时候是越比较越不快乐，每当觉得别人的比自己的好，就会对自己的生活更加不满意。羡慕别人的生活就是抱怨自己的生活不够好，这样会对自己的现状越来越不满意。所以少抱怨少羡慕别人，会让自己比较快乐。

除了不比较之外，也要切记“不要打扰别人的幸福”。每个人的际遇不同，在不同的阶段幸福的范畴也不一样。例如老公攒了好久的钱，终于带老婆在国内旅行了一次，妻子非常开心并跟同事讲起。而这个同事很傲骄地说“才国内旅行呀，过年的时候我老公还带我去欧洲了呢。”如果这样比较的话，就会给别人带来不快乐。

我身边有一个朋友W，非常喜欢跟别人比较，并总是抱怨自己男朋友。她不仅喜欢向自己的男朋友抱怨他各种不好，还爱跟朋友抱怨。

最近她跟男朋友好事将近，虽说没有正式订婚，可结婚时间、婚戒挑选和婚礼预算都已经在议程中了。都已经这样了，她还天天抱怨，说如果结不了婚她就会变成大龄剩女等等。而听她抱怨的朋友们，大多数还没结婚，有一些甚至还没男朋友。

其中有位朋友的男友在外地工作，大约两小时车程，只有周末才可以回家。她居然还经常跟这位朋友抱怨，说自己男友离太远偶尔会见不到面。

同时她还常常跟自己嫁去德国的朋友比较，说如果自己父母可以再有钱些，或是像朋友那样嫁个有钱人，生活会多么地不一样。

每天都在抱怨和比较，感觉她整个人充满了负能量，刚开始跟她关系很好的同事也开始慢慢远离她。有时候她抱怨男友的时候，别人还会讽刺几句。

不只是身边的朋友和同事开始反感她，有一次她翻男友手机发现，每次听完她抱怨后，男友都会找其他小妹妹聊天，为此他们还大吵了一架。

虽然找网友聊天不算出轨，可是确实会让人很不舒服。他的男

友（现在应该是未婚夫）解释说，每次跟W小姐聊天，W小姐只会抱怨他或者是跟他提她朋友的老公、男朋友，后来他变得不想甚至有些害怕跟W小姐聊天通电话了。所以每次W小姐一开始抱怨，他就会说自己要睡了，然后找别人排解压力。

所以喜欢抱怨和比较，不只是会让自己不开心，还会影响到身边的朋友，同时也会让另一半感到非常反感和厌烦。

我身边还有另外一个例子。

Y小姐，大家都觉得她应该是个很快乐的人，可她却喜欢比较，整天抱怨、摆臭脸。

年轻的时候，Y小姐家境清苦，可因为身材高挑，后来当了个小有名气的模特。在模特生涯的巅峰时刻，Y小姐通过朋友介绍认识了一个富豪，最终成功地让富豪跟原配离婚当上了富太太。之后，Y小姐便开始了穿名牌、坐豪车、住豪宅的生活。

刚开始Y小姐常常在朋友面前炫耀，觉得自己很厉害，什么都有。跟她以前的朋友们相比，Y小姐的生活确实很令人羡慕；可跟富豪结婚后Y小姐的朋友圈子扩大了，跟她丈夫那些富豪朋友的太太们比，可能有些方面还是差了一点。

Y小姐是个天生爱比较的人，之后她便常常跟自己的老公说别人又去了哪里玩、买了什么，或者谁谁又换车了、谁家的别墅有多大。

所以，就算是麻雀变成了凤凰，大家都以为过上了美满生活的Y小姐，也因为喜欢抱怨和比较，日子过得并不快乐。

当然不跟别人比较，有的时候真的很难做到。所以要缓解跟别人比较带来的压力，最好的办法就是多听听别人快乐背后的故事。很多人以为大街上的人都过得比自己好，比自己快乐，可是事实上家家都有本难念的经。了解和考虑到别人遇到的困难，你才会明白原来自己的生活其实比别人快乐很多。

4.5.1 嫁给老外

身边很多朋友和同事常常会提到，认识的人嫁了个老外，自己有多羡慕，不但可以出国还可以生混血宝宝。

与大部分中国人相比，老外的工资要高出很多，特别是在华的外国人。所以跟老外结婚的朋友和同学，常常会成为熟人茶余饭后的谈资。可是事实上，老外真的有外人看起来的那么好吗？

我办公室里就有个小姑娘嫁给了一个美国人，婚后没多久她的丈夫就被调回美国了，她也跟着去了美国生活。过了几年她回国后，跟我们聊起了她在美国那段日子生活的艰辛。

虽然她去了好多人梦寐以求的美国，可是对于她来说是背井

离乡。那里很多东西她都不熟悉，即便简单的英语沟通完全没有问题，可是美国人的生活习惯跟中国人还是区别很大。

她在美国没有朋友，也没有家人。在美国不像国内，家里的老人会帮忙带孩子。在那个陌生的环境，孩子都要自己带。不只生活艰辛，跟自己丈夫的沟通有时候也会出现问题。就算她的英语再好，因为不是母语所以沟通起来也会有很多问题。由于文化背景不同，很多时候美国家庭聚会时，他们讲的笑话她都听不懂，只能傻笑。她丈夫虽然让她教自己的孩子一些中文，可是不允许孩子在家里讲中文。到了小学，女儿还是只会最基本的“你好”“谢谢”“再见”。每次她带女儿回国的时候，女儿完全无法跟外公外婆、舅舅们交流。所以看似美满的国外生活，却隐藏着许多的艰辛。

4.5.2 嫁给有钱老头

与之前提到的Y小姐相似，L小姐也是“麻雀飞上枝头”变成了“凤凰”。

L小姐原本只是一个学音乐的普通学生，后来嫁给了一个比她大了快两轮的香港富豪。身边的朋友都很羡慕她，也总爱跟自己的老公抱怨，说L小姐的老公对她有多好多好，给了她一百万让她去欧洲随便玩。

可L小姐虽然有用不完的钱，她的老公却有自己的孩子，而且孩子都跟L小姐的年龄差不多大，所以她老公不准她生小孩。

对于女人来说，没有孩子就等于没有后半辈子的依靠，也没有可以陪伴自己的人。所以虽然L小姐有了大家想要的东西，可是却失去了大家都有的东西。

4.5.3 嫁给CEO

与之前的例子不同，我的母亲有位非常好的朋友，可以算是名副其实的家庭美满。

她老公是个大公司的CEO，对她也非常好，同时也是一个把家庭看得很重的男人。他们育有一儿一女，老公也不花心，大家都很羡慕她，觉得她的生活肯定是一百分。可是事实上作为大公司的CEO，她丈夫常常要出差，一个月有时候只有四分之一的时间在家。所以看似美满的生活，丈夫对妻子也很好，可有的时候还是有别人所看不到的艰辛。

其实这几个例子只是说明了家家有本难念的经，所以多考虑别人付出的和缺少的东西，少羡慕别人，多想想自己拥有的，就会快

乐许多。

除了不要简单地比较和羡慕比自己情况好的人之外，**美国心理学家还发现了一个心理现象，就是大部分的人都觉得自己处于平均快乐指数之下。其实百分之五十的人，比平均快乐指数高，只是自己不觉得罢了。**所以很多人都觉得别人要比自己幸福，事实上并不是如此。

每个人为了得到某些东西，都需要作出相应的牺牲，没有任何一段感情或者任何一个人的生活是完美无缺的。

4.6 应该最了解我们的人真的不会误解我们的意思吗

大部分人都觉得最了解自己的人是自己的爱人，所以两人相处的时候，很多事情都不说清楚，总是默认他已经懂了。

可是"他"真的懂了吗?

著名美国心理学家乔治·凯利（George Kelly）说"Every man is, in his own particular way, a scientist"（每一个人，以他自己独特的方式，都是一个科学家）。

在心理学中，“每个人都是科学家”的意思是人类的天性就跟科学家一样，喜欢知道“为什么”。物理学家想知道东西为什么会坠落，生物学家想知道人为什么会老去，心理学家想知道忧郁症的来源，而普通人最关心的就是每天接触到的人为什么会做这样的事，或是他们每一句话后面隐含的意思。

很多人都喜欢猜测别人动作和言语背后暗藏的意思，对于最亲近的另一半自然也不例外。

猜测容易产生误解，而这些误解又很容易导致双方不愉快，并引起不必要的麻烦。

无论是言语还是动作，都可能被误解。例如你的爱人一回家就面无表情地开始看电视，可以被误解为他对你有意见，然后会让你觉得他不在乎你，导致你认为你们的感情很空虚，可能没有继续的必要。实际上，他可能只是工作太忙太累了，想一个人休息一下。

除了动作之外，最容易让人误解的就是言语，特别是在没有说清楚的情况下。

女人不同于男人，她们喜欢把话说一半，然后让男人自己去揣摩意思。

情侣常常会觉得你是我最亲近的人，我说什么你肯定能懂。爱达尔生和艾普斯定（Eidelson & Epstein）1982年研究发现，读心术

（the Expectation of Mind Reading）是夫妻之间最普遍的不实际信仰之一（Common ‘Dysfunctional’ Beliefs)。大多数的夫妻对于另一半的基本期望，就是可以明白自己的心意。很多人甚至觉得夫妻理所当然应该知道，对方在想什么和实际想表达的意思。现实生活中每个人都这么想，然后带着自己的想法去猜测别人的意思。而事实上，平时再熟悉再了解的人，都无法百发百中猜准对方的意思，就算双胞胎也会有出错的时候。

最近我和男友吵架，我们是认识了5年的朋友，后来变成了恋人。在我和他的眼里，都觉得对方是自己的soul mate（灵魂伴侣）。因此我常常觉得自己不把话说全，他也可以明白我的意思。可是最近发现，你觉得最了解你的人，还是会有误解你意思的时候，特别是男人。男女在思维上本来就有差别，女性相对来讲喜欢拐弯抹角，而男性会比较直接。

下面是我俩在短信中的对话：

他:不然你想让我怎样嘛?

我:我想让你做的你又做不到。

他:那不就完了嘛!

人特别是女人，都是喜欢猜忌的，就这么短短的三句话，女孩子解读出来的意思可能非常多。

第一句，“他:不然你想让我怎样嘛？”

一种解读可以是生气的口吻，“你烦不烦，我做的不够多吗？你还想要怎么样？”

第二种可以是不耐烦的口气，“我很烦了，你想怎么样，说吧我尽量。”

第三种口气可能是有点撒娇的口气，“我知道你不高兴了，那我做什么可以让你开心点呢？”

所以不清楚到底是何种情况，不妨先去问一下他到底是什么意思。

那很多人会问，说不定他后来跟你讲的意思和他最初的想法不一样呢？其实这也是很常见的事情，可是无论他本意如何，只要他愿意哄你让你开心，就代表他还是很在乎你的。

第二句话，我说的“我想让你做的你又做不到”，我是想用激将法去逼迫他。我的本意中这句话算是嘲讽，想试探他够不够在乎我，想让他觉得我知道他做不到来激怒他。可是他不觉得我是赌气故意说的，他真的以为我想要的他真的做不到，所以说了没有用。

他的最后一句“那不就完了嘛”，可以被理解成，我知道你想要的是什么，可是既然你说我做不到我就不做了。或者我知道你想

要我怎么样，可是我不想做。最后第三个可能性是，“虽然我不知道你想要我怎么样，可是如果这件事真的不可能的话，那我也无能为力。”

而在这个过程中，我和他的误会很多，导致了一段时间的冷战，虽然只有我觉得我们在冷战。

从我的观点来看，整件事情是这样的：我以为他的第一句是生气的口气，你烦不烦，我做的不够多吗，你还想要怎么样。所以我为了自我保护，第二句“我想让你做的你又做不到”用了激将法去逼迫他。最后他回“那不就完了嘛”我理解成，他知道我想要的是什么，可是他不想做。因此我觉得他不在乎我，在跟我吵架，所以决定跟他冷战。

从他的观点来看，事情却是这样的：他说，“不然你想让我怎样嘛？”其实是怜惜的口气，他知道我不开心了，所以问我他怎么样做我才会高兴。而我回的“我想让你做的你又做不到”，他的理解是，他不知道我想要什么，可是我既然说他做不到那么也不必要知道了。所以他最后回的，“那不就完了嘛”并不是跟我赌气，不想达成我的愿望，而是觉得自己无能为力。

其实我想表达的是，我跟他这一年一直远距离恋爱，我只是希望他可以在网上多陪陪我，而他以为我说的是让他在身边陪我他做不到。

我以为我们在一起那么久，他肯定知道我想要什么。虽然他大致的方向没有错，可是小细节理解错了，会让他觉得我很无理取闹。

因此，不要乱猜对方的意思，特别是发信息的时候，因为听不到对方的语气，很多时候，我们所理会的意思是错误的。

4.7 学会如何大事化小、小事化了

虽然沟通是夫妻之间最大的问题，可是把小事化大以及产生一些负面的答复，确实是夫妻之间矛盾的最大催化剂。

夫妻之间感情破裂，一般都是小问题积累所致，很少是由大事件造成的。很多东西虽然看起来微不足道，积累久了，杀伤力却不容小觑。美国著名大学UCLA亲密关系学教授班吉明·卡尼（Benjamin Karney）提到，夫妻之间如何回复伴侣，是婚姻中非常重要的一点。研究显示，只要夫妻之中有一方常常把负面评论（negative remark）变成正面评论（positive remark）或者化解为中性评论（neutral remark），那么这对夫妻生活中的矛盾就会

少很多。

到底夫妻之间的负面评论是什么呢？

夫妻之间负面评论的方式有很多种。

最常见到的就是以一个负面的评论去回复对方给出的负面评论。例如丈夫评价妻子所烧的菜难吃时，妻子回复丈夫“不吃拉倒”，就是很典型的负面评价。而这个时候丈夫若是回答“不吃就不吃”，那么吵闹就会继续。

第二种就是攻击对方的短处。按照以上的状况来说的话，妻子可能回复丈夫“那你会烧菜吗？你给我烧一个试试啊”。这种回复也同样会引起丈夫做出更加负面的评论。

第三种是很酸的方式自嘲。除了对另一方做出直接批评之外，自嘲也是一种负面的表现。按照以上的方式来说，妻子可能会说“是啊，我就是不会烧菜，我什么都不会”。这种回复也会引起听话人的负面情绪。

人的本性都是睚眦必报。无论是好是坏，人的第一反应就是根据对方对自己的态度，来决定自己该怎么对待对方。所以另一半语气不好或是给出负面的评论，都会导致负面的回复。而当每一个负面的回复，都受到一个负面的评论时，就会没完没了。最后很可能从小的不愉快变成很大的争执。

所以，为了避免小的不愉快最后变成不可收场的大战，最重要的就是学会把大事化小、小事化了。

除了用负面评论回复一个本来就负面的评论之外，有人还会用负面评论来回复一个中性的评论。这样一来就会把小事化大。

例如丈夫回家只是说了一句“好累”，有一些妻子就会回复：“你累什么？天天在外面逍遥，我一个人在家带孩子才累死了”，或者“你累我就不累吗？”听到这种负面的评论，原本对妻子没有负面情绪的丈夫，也开始有了负面情绪。这种做法简单来说就是把小事化大，非常伤害夫妻之间的感情。

要避免无止境的负面评论，就要把大事化小、小事化了。办法非常简单，只要把原本负面的评论转化为正面的或者中性的评论就好了。

把负面情绪化为正面的方式有很多种。

第一种是认同。拿“你做的菜很难吃”来作例子，妻子可以说，“会吗？我觉得还可以呢！”或者“比起上次新学的那个鱼，这个应该还可以吧!”或者是“跟你妈妈的菜比，口味可能有点差，可是我会努力的。”这样对方很有可能就此作罢，或者就算是原本心情不好，也都可以被化解。

第二种是用玩笑带过。例如，“真的吗，我吃不出来哦！”或

者“我跟你的口味不一样呢！”

第三种是继续询问探讨。例如，“是太咸了还是太淡了？下次看看可不可以做得更好吃。”

这种把大事化小的方式，可以减少很多不必要的矛盾。

同样，把负面情绪化为中性的方式也有很多种。

第一种是转移话题。在丈夫评论了菜不美味之后，妻子可以聊孩子、天气或者其他的话题，来缓解对方对菜的不满。

第二种是直接无视。无视与转移话题不同，最为常见的方法就是假装没有听到。

虽然说最好的方式是以正面的评论来回复负面的情绪，可是很多时候当对方态度较差的时候，很难以正面的方式去回答。所以这个时候可以选择把负面的评论中性化。这样虽然不会让气氛变得正面，可是至少不会让负面的对话继续下去。

现实生活中有很多人都喜欢以负面评价来回复自己的另一半。特别是在一起时间久了，耐心被冲淡了之后。

很多时候，工作、生活上的压力，会导致爱人的态度较差。这个时候若是因为对方对自己态度差了，自己也以牙还牙的话，那么简直就是火上浇油。这时候就需要双方互相忍让，你退一步我退一步。而人都是互相的，当丈夫发现妻子在自己情绪不好的时候对自己忍让包容，那么当妻子情绪不好的时候，丈夫同样也会多一些包容。可是若是双方都以负面评论回复的话，那么争吵就会变得无休无止。

所以为了婚姻的幸福，还是尽量大事化小、小事化了。

4.8 婚姻治疗有几种

在美国，人们出现感情和婚姻问题时，一般都会去找心理咨询。

心理咨询到底有几种呢？心理咨询对于感情修复真的管用吗？每种心理都存在差异，心理咨询有什么作用？应该选择什么样的心理咨询？

等到一对夫妻、恋人愿意承认他们的感情出了问题的时候，一般都已经到了非常严重的地步。感情问题与其他不一样，常常都是小事累积的，而不是突发状况。所以找到问题的源头，妥善地解决问题，并不是一件容易的事。

最基本的心理咨询调解法（prevention）有三种：第三类（Tertiary），间接（Secondary），最初（Primary）。Tertiary 知道的人最多，也最常见。

Tertiary 指的是当夫妻发现感情有问题而且严重到需要寻求帮助时所需要的心理咨询。这种方式类似于感冒之后吃感冒药。

Secondary是在问题严重之前提前寻求帮助，一般都是通过讲座和自助书籍来进行。这种调解方式，类似于感觉到喉咙痛或者感到一点不适的时候，马上喝热姜汤来防止病情恶化。

最后一种Primary的调解方式是预防感情中可能出现的问题，这种调解方式类似于预防针。

在以上三种方式中，最常听到的是就是寻找专业的心理咨询。这种调解方式一般长达10到15个星期，每次调节时间为一到一个半小时。

在感情咨询与调解中最常见到的四大问题（wk9 lec1），第一是沟通问题，第二是权利争夺，第三是不现实的期望，第四表现出自己对对方的感情。

虽然这三种调解方式在美国非常普遍，可是在国内确实非常稀少，或者发现问题的人都羞于寻找外界的帮助。

4.9 最常见的问题及如何改善

美国著名感情心理学家卡尼教授提供的例子中提到：

各自的感想：

妻子：我丈夫跟我不够亲密。我希望他可以在家里多做点事情，同时我也希望他可以多花点时间陪孩子。

丈夫：虽然情感上我们够亲密，可是我们性行为不够。我需要自己的空间，我希望我的妻子可以意识到我为家里所做的付出。

各自的抱怨：

妻子：常常抱怨丈夫的不敏感和自私。

丈夫：常常抱怨妻子的冷淡和唠叨。

双方共同的感受：

双方都觉得自己被误解，对于改变状况无能为力，不被爱也不被在乎，对于未来的感情状况非常悲观。

4.9.1 第一是沟通问题

从沟通方面可以看出，夫妇双方对于自己感情状况的看法都不同。妻子觉得自己的丈夫和她在情感上不够亲密，而丈夫觉得在情感上够亲密可是在性上面却不够。另外，妻子觉得丈夫在家里做的不够多，可是丈夫觉得自己的付出妻子没有意识到。

夫妻双方都觉得自己被误解，其实只是因为沟通有问题。就像前面提到的，夫妻和情侣都觉得自己的另一半是最理解自己的人，所以很多事情都不说清楚。

同样因为观点的不同，所谓的“常识”也不同，特别是对于男女来说。荷尔蒙的比例对于大脑形成有一定的影响，所以男人和女人的思维方式天生就有偏差。这样一来，夫妇之间就常常会出现沟通问题。

这种沟通问题的开始，并不是因为沟通不良或者不沟通，而是觉得对方应该知道自己的意思和处境，所以很多事情都不说清楚或者只说一半。慢慢地到了后来，双方都会觉得自己的另一半不在乎自己，或觉得说了也没用而变得没话说。

其实大部分情况并不是说了没有用，而是对方误解了意思，所以得到的结果跟最初设想的不一样。

任何一件事情，因为每个人成长背景不同和思维方式不同，解读的方式也不同。就拿例子中的夫妻来说，妻子觉得自己的丈夫跟自己不够亲近，相反丈夫觉得他跟妻子够亲近可是性不够。对于女人来说，精神上的亲密度比较重要；可是对于很多男人来说，肉体上的亲密度占的比重更高。所以很多时候，遇到了事情和问题不妨直说。

4.9.2 第二是权利纷争

卡尼教授的例子中，没有体现出来的是权利纷争。

婚姻感情和家庭中的权利到底是什么？在家庭中到底有什么重大的权利纷争呢？

其实很多小的方面的权利纷争，累积起来后，要比大的问题更严重，更伤感情。

每个人的家庭背景不同，生活习惯和做事方式也有所不同。既然做事方式不同，那么家里很多小事情都可能成为权利纷争的导火线。

例如我的一对年轻夫妻朋友，年龄都是三十岁左右。一个在外人看似微不足道的地方，成为了他们权利纷争的理由。

女方J小姐和男方A先生为了冰箱内该怎么规划起了争执。因为

成长的家庭不同，所以冰箱整理的习惯也不同。而为了冰箱的摆设采纳谁的意见，他们经常争吵。

而生活中除了这些日常的小事之外，很多大的事情都需要妥协。所以小事情引起的权利争执，应该尽量想办法避免。而这种小纷争最好的解决办法，就是划清界限，另一半不过问也不指手画脚。

例如A先生觉得家里的饭菜大部分都是J小姐烧的，所以厨房应该归J小姐管，厨房里的东西和冰箱里的食物规划都让J小姐决定。

而J小姐也同意书房是A先生办公的地方，所以书房的摆设都按照A先生的意思。

而卧房属于两个人的共同空间，应由双方讨论且每人做出平等的妥协。例如A先生想在房间里装电视，J小姐不同意，她想要放置一个稍微贵点的化妆台。最后双方都决定妥协，化妆台和电视都没有要。

所以为了避免小事上权利的纷争，可以分清楚夫妻双方的管辖区，共同商量，解决问题。力争做到少发表意见，少干涉对方的决定。

4.9.3 第三是不现实的期望

俗话说“希望越大失望就越大”，其实对于自己另一半也是如此。若是有很多幻想和不现实的期望，往往会对自己的另一半越来越失望。

无论是在国内还是国外，大部分家庭的重担都是在男方身上。由于肩负着家庭的重任，很多男人经常忙得不可开交。虽然现在很多女人也有工作，可跟自己的丈夫比起来，一般来说相对轻松些。大多数时间在家带孩子和教育孩子的妻子，常常嫌弃自己的丈夫没有时间陪自己和孩子。可事实上却是真的腾不出时间陪妻子和孩子，这并不是丈夫的本意，只是因为太忙抽不出空。

而这种不现实的期望，就体现在卡尼教授的例子中。妻子说“我希望他可以在家里多做点事情，同时我也希望他可以多花点时间陪孩子”。而丈夫“希望我的妻子可以意识到我为家里所作的付出”。这就是一方的不实际期望，导致了双方的误解。

很多时候我们只会看到他人明显的付出，而看不到对方暗中的付出。所以对于妻子来说，她常常只知道自己为了孩子和家庭操心忙碌，而忽略了丈夫在外面为了家里的生计辛苦拼搏。

妻子一个人在家带孩子同时又要做家务事，两者无法兼顾时，常常就会觉得若是丈夫可以多帮自己一点就好了。所以有了这种想

法的妻子，就常常会跟自己的丈夫抱怨，觉得他为这个家付出的不够多；而当自己抱怨丈夫没有付出的时候，丈夫会觉得自己不被重视，自己的付出对方也没有看到。

所以感情最后会出问题，就是因为妻子一再要求丈夫多为家里做点事，而丈夫觉得自己为了家里做得够多了，只是妻子仍然觉得不够多。妻子的唠叨越来越多，而情况还是不会有任何改变。最后，妻子就会对丈夫越来越失望，觉得丈夫不在乎自己。同样，丈夫一直希望妻子多夸奖自己，让他觉得他为家里的付出被人重视，可是妻子却一直在抱怨，所以后来丈夫也越来越失望。最后双方都对婚姻和感情不满意，对现在的状况觉得绝望和无法改变。

这种绝望和互相误解的局势要如何逆转呢？这种时候，最需要作出改变的还是妻子。

首先要认识到的就是，自己对于丈夫和婚姻的期望是不是不现实？

如何从不现实的期望变成现实的期望呢？例如希望丈夫多在家里做点事情，多陪陪孩子，这些期望太广义了。所以，第一步就是要把希望变得具体和实际。例如在丈夫有时间的情况下，可以要求他每周烧几次饭或者洗几次碗。若是他真的是因为工作太忙回不了家，那么就不要勉强他做家务。

同时作为妻子也可以多夸夸丈夫，或是表现出理解他为家庭付出的艰辛，这样就可以满足丈夫对自己的期望。

希望丈夫多陪陪孩子，也可以从实际点的问题着手。例如每个星期要求他带孩子出去玩一次，可以看电影、外出游玩；或者在孩子学业繁忙的时候，每个星期规定他辅导孩子几次功课。

降低对彼此的期望，合理化、实际化了之后，期望就没有那么高了。而当期望没有那么高的时候，就不会一直觉得失望甚至最后绝望了。

4.9.4 第四表现出自己对对方的感情

在卡尼教授的例子中，妻子觉得丈夫和自己不够亲近，而丈夫觉得妻子不重视自己的付出，就是不表现自己对对方的感情而引起的误会。

很多老夫老妻觉得，在一起久了还谈情说爱很滑稽。可事实上不表达自己的感觉，对方很有可能是察觉不到。人都是喜欢被称赞和被在乎的，老夫老妻之间很多事情不说出口，对方就会以为不被爱和不被在乎了。而当双方都觉得自己不被重视的时候，婚姻的满意感就会下降。

最容易让对方觉得自己的付出被别人在乎，就是道谢。很多人认为说谢谢会显得太陌生和太客气了，其实再熟悉的人也需要客气一下。太不客气不常说谢谢，很容易让人觉得自己为了对方做的一切，被对方当成理所当然了。

我认识的一对法国夫妻，结婚30年，幸福感还是很强。与他们聊天的时候，才发现在法国有很多像他们这样的夫妻。当问到了秘诀的时候，这对在华生活的法国夫妻说，他们经常会表达自己对于对方的感谢。而收到了这种感谢，无论是小事还是大事，都会觉得自己是被需要的，自己的付出是被别人感受到了的。

这对法国夫妻还说，在法国经常可以看到年过四十的夫妻牵手逛街或者拥抱，经常可以听到老夫妇在餐厅里说“我爱你”之类的话。虽然结婚很久了孩子也大了，这对法国夫妇觉得爱情保鲜还是需要制造一些小浪漫以示温存。

适当地表示感谢和爱意，可以提升夫妻之间的感情，夫妻感情深了，也会减少很多矛盾。其实夫妻之间的很多矛盾都是小事情累积，并不是什么大问题。所以从说谢谢这种小事做起，它带来的蝴蝶效应非同小可。

第五章

他（她）会永远做淡水鱼吗·

他（她）为何会剩下

除了如何保持恋爱关系和婚姻外，另外一个现在的年轻人还非常关注的话题就是剩男剩女。

到底是什么导致了剩男剩女呢？如何解救他们这种被外人看来是恋爱无能症候群呢？

其实剩男剩女不都是一群社交有问题所以无法跟他人谈恋爱的族群。

剩男和剩女们都各有各的不同。

所以在接下来的章节会出现几个最常见剩男剩女的种类，并且对他们该如何摆脱“剩下”这个身份做出有效的指点。

其实没有人会被无缘无故地剩下。

可是如果渴望恋爱和婚姻却没办法与他人相处和谈恋爱，那么应该根据自己的需求适当地改变一下自己。

虽然独生不婚没有什么不好的，每个人有自己选择生活方式的自由。

5.1 剩男剩女是怎么回事

大家茶余饭后乐于讨论现今社会剩男剩女越来越多的现象。这些所谓的剩男剩女难道真的是没有人要吗？真的是条件太差吗？

其实剩男剩女分很多种，视情况不同原因也自然不同。所以要解决剩男剩女的问题，必须要了解他（她）们为什么会剩下来。

剩男剩女的定义其实也因年龄层次和地域差异而有所不同。在学生群体中，到了二十岁没有谈过恋爱或者空窗期超过一年的，在年轻人那里已经被称为剩男剩女，而比较传统的定义则是到了适婚年龄还单身的人。

国际化城市和普通城市，剩男剩女的定义也不一样。如在上海，一般到了二十八九没有结婚对象，家里就会比较着急；如果到了三十一二，还没有结婚，就会被称为剩女。而通过杭州的朋友了解到，在杭州二十五六没有结婚对象，家里就开始着急了；到了二十七八还没有嫁出去的话，就会被看作剩女。而剩男的年龄普遍是三十到三十五岁之后。

5.2 不知道如何谈恋爱，从无恋爱经验

第一大类的剩男剩女是没有恋爱经验的。原因一般是读书的时候忙于学业，工作了之后又没有机会认识对的人。因为从来没有过恋爱经验，甚至可以说不会恋爱，后来年龄大了也就懒得恋爱了。

5.3 害羞，不会与人交际

虽然大家脑海里的剩男剩女大多数是这种人，可事实上这类人只占了剩男剩女行列的一小部分。这些人多数害羞，不敢与他人沟通，同时也不擅长交朋友。在日本，他（她）们被称为宅男宅女，除了必要的交际之外，很少与人有多余的交谈。

这一类人就是读书时期，大家觉得奇怪常常被孤立的人。这类人每个学校都有，最典型的特征就是上课时他们喜欢坐在最后一排。无论是回答老师的问题，还是与同学交谈都很小声。朋友不多，常常自己一个人吃午饭。

他们不只害羞与可能成为伴侣的人交际，在生活中甚至与商店店员的交际都让他们困惑，因此他们经常网购所有需要的物品。久而久之，与人交际的能力更会下降。

美国和日本都设有交际和沟通辅导学院，帮助那些有沟通障碍而无法谈恋爱的人。这些学院会通过游戏、讲解和各种讲座，教授如何与人交际，如何让他人对自己产生好感。

而在国内，这些机构目前还非常少，不过类似的书籍倒是常常可以在书店找到。因此可以通过自学的方式，改善人际关系和交际能力，让你更受他人的喜爱和欢迎，最终达到与人交往的目的。

而最有效果的练习方式，就是跟自己身边最亲近的人演练，例如跟自己最好的朋友或者父母练习。把书里面的建议用在他们身上，然后再让他们反馈不足和需要改进的地方。

5.4 不害羞，可还是不会与人交际

这类人与第一类相反，虽然他们与人交谈时不害羞，可是他们的交谈方式常常让人非常困扰。这一类人比第一类人要常见，他们要么口无遮拦，要么一针见血。“口无遮拦”型是该说的不该说的都说，而“一针见血”型是说人家最不想听的，并句句戳中要害。

例如我大学时同届的一位同学，在学术上他是个天才，成绩优异，两年内就拿到了数学和物理双学位。可是在人际交往方面，他却是个低能儿。

他并不害羞，而且非常喜欢与人交谈，可是他的交谈方式无论是男人还是女人都非常受不了。

在男人面前，他特别地自满，常常提及自己在学习上或是家庭

上的优势，让周围的人很反感。

而在女人面前，他常常会提到别人身上的不足。例如有一次他对一个刚见面的女同学说：你的眼距是不是有点开？还说："你认识谁谁谁吗？我觉得她比你好看。"

他在大学期间曾经追过一个女孩子，无论是现实生活中的跟踪，还是社交网站上的表白，都让对方感到特别困扰。最后这个女孩子用了各种方式把他拉黑。

与以上这位天才理科剩男相似，我大学时期认识的另外一个男同学，也属于"口无遮拦"型。例如他常常喜欢批判他看不惯的东西，不管身边的人是不是与之相关。

有一次和他一起逛街，经过一家专卖店，他便开始说他觉得那个牌子的鞋子哪里不好看，哪里有问题，不理解为什么会有人买。而此刻我脚上正好穿了那个牌子的鞋子。还有一次这位同学和几个同学在食堂吃饭的时候，大肆批判某一个专业，而坐在他旁边的女孩子正好就是那个专业的。

这种类型的人，无论是对自己喜欢的人还是其他朋友，都是以这种方式相处。这样让人反感的交际方式，很容易让他们成为别人口中的剩男剩女。

而改变这种状况的唯一出路，就是他们愿意改变自己。而要改变，首先要意识到自己的交际方式有问题，然后再从说话的方式上开始改变。

这种类型的人往往比第一类人容易找到另一半，因为只要不害羞，愿意多认识一些人，总有人会发现他有魅力的地方。而这一类口无遮拦的人最需要担心的，却是如何把关系维持下去。

5.5 不知道如何开始恋情

另外一种很常见的类型就是不会恋爱。

如何谈恋爱，一般人都是在十七八岁学会的。而当同龄人都会谈恋爱了后，就很难跟上大家的脚步了。年纪越大，对于第一次谈恋爱的顾虑就越多，所以可能会导致一拖再拖的现象。

十七八岁的时候，很可能人家追就答应了，只要互相有好感就行。可是二十岁后还没有恋爱经验的话，就要考虑很多因素，例如个性会不会不和或者家里人会不会喜欢。

而二十五岁左右还是没有恋爱经验的话，很有可能在谈恋爱之

前就会做长久性的考虑，把未来结婚的可能性和对方的家庭因素都考虑进去。

在现代社会中，两个人谈恋爱，如果发现对方不合适，很有可能三四个月或者是一年就会分开。与其估计未来是否合适或者是否可能结婚，还不如多相处试试。

对于这种情况的人来说，要鼓励其多尝试，多冒险。很多人的本质跟表面所显现出来的，有时候是有差别的。例如看起来很无趣和闷骚的人，可能私底下很有趣。所以如果不试试看，永远不会知道对方到底是否适合。

年纪越大谈恋爱就越难，这并不表示交际有问题或者羞于跟别人交流，而是因为害怕失败而胆怯。因为不愿意花时间去了解对方，所以觉得适合谈恋爱的人选就越来越少了。

有一个研究生朋友，从小身受中国式教育，家教十分严格，她一直专注于学业，毕业之前从未考虑过谈恋爱。研究生毕业之后，她发现自己成为了不折不扣的剩女。因为没有恋爱经验，所以不知道自己想要的是什么，也不知道真正的感情应该是什么样子的。

对于没有谈过恋爱的人来说，情侣或者夫妻如何相处，他们都是从小说或者是从身边朋友那里了解到的。所以没有谈过恋爱的人，往往会把爱情想得太美好，觉得爱情就应该像琼瑶剧中那样，海枯石烂矢志不渝。可是现实生活中，这种爱情几乎看不到。

幸福生活人人艳羡，身边“模范情侣”或者“模范夫妻”的感情看似很完美，所以大家都想追求那样的爱情和那样的爱人。可是事实上，外人眼中的完美可能不是两个人关系的全部，他们之间的问题是外人不得而知的。

没有谈过恋爱的人对伴侣的想象太理想化，他们挑剔地寻找着一个不可能存在的完美伴侣。当发现对自己感兴趣的人与心中的完美伴侣不一样时，就会放弃。当然年轻的时候，恋爱经验不足的人也常常会有类似的问题。可是因为年纪轻，所以他们有勇气闯一闯；而年纪过了三十的人就没有那个胆量了，他们不愿意花时间尝试跟自己心中不太满意的人谈恋爱。

对于这种类型的剩男剩女来说，最有效的方式，就是打破他们不现实的思维和假设。例如让他们理解没有深入交往过，怎么会知道对方是什么样的人；也要让他们明白爱情不是完美的，家家都有本难念的经。这个时候的尝试，并不意味着就要一辈子，而是谈过了恋爱才会知道自己想要的是什么。所以对于有好感的人，要勇往直前敢于追求。

虽然很多人觉得年纪大了，没有时间也谈不起恋爱了，可是事实上越有这样的想法，就越难找到对象。其实一个个慢慢挑选与通

过谈一次恋爱发现自己真正所需要的对象，所花的时间是一样的。所以对于到了年纪从未谈过恋爱的剩男剩女来说，愿意尝试才是最重要的。

没有恋爱经验的人与有过恋爱经验的人不同的地方是，他们常常不知道如何表达自己对别人的好感，也很难发现别人对自己的暗示或者好感。因为感觉不到别人对自己的好感，而错过了很多追自己的人，反过来又觉得自己根本没有人追求。

没有谈过恋爱的女孩子，以为男孩子表达爱慕的方式只限于表白。年轻的男孩子与年纪大的男人不同，年轻的男孩不太怕被拒绝不太怕失败，所以勇于表白；年纪大了之后，男人好面子害怕失败，没有八九成把握之前是不会表白的。这种时候，他们就会用各种方式试探对方是不是对自己有兴趣，比如说约出去吃饭、看电影等等。在这种不明确的情况下，没有恋爱经验的女性，就比较难以察觉这种暗示。

大学时期的一个同学，到了大四还没有恋爱经验。有一次聊天时，她抱怨自己为什么没有人追，聊到后来才发现其实有男同学天天约她吃午饭，有的时候还约她看电影，只是突然有一天就不约了。所以她觉得这个男人对她一定没有意思，只是想做普通朋友。可是仔细分析一下，普通朋友为什么要天天约吃饭呢，如果一个男人对你没意思又为何要约看电影呢？

没有恋爱经验的女同学，因为没有等到表白，就一直没有回复男生的暗示，所以导致了最后男方的放弃。

虽然很多人怕自己想太多，最后受到伤害，但在这种情况下，有的时候多想未必会是一件坏事。特别是对于成熟的男人来说，当他对你有好感的时候，如果觉得你对他同样有感觉，他会主动追求；若是没有，他便会疏远。这样一来，双方的意愿都可以在不害怕被拒绝的情况下表明。

5.6 觉得自己一个人很好

一个人如果在成年后的大部分时间里都是单身的话，很容易会觉得自己一个人过得很好，所以不需要交男女朋友。

按照心理学的研究，虽然人都是群居生物需要与人交流，可是现代社会的高科技实现了不需要真实的人就可以达到与之交流的目的。例如现在通过看电视或者打游戏，就可以与人交流互动。研究发现，日本很多宅男，只需要通过游戏和漫画，就可以满足与人交流的需求。所以这类型的宅男不需要女朋友。国内很多喜欢读小说

和看连续剧的女人也一样，因为自己的生活太充实，所以不需要人与人真实的交流。这样就导致他们觉得没有必要与他人交际。

这种情况下，要解决“剩”的问题，首先要做的就是改变他们本质的想法，再另想办法帮助这一类剩男剩女迈出主动求偶的步伐。

5.7 要求太高自我定位有问题

大多数剩男剩女都属于这一种类型。很多人都是没有看清自己的位置，才导致了单身。说得好听一点，这种人是挑剔；说得难听一点，便是高估了自己。

无论有没有谈过恋爱，都很有可能出现这种状况——自我感觉太好造成的错觉。比如说女孩对自己伴侣的要求很高，跟她条件差不多的男孩子她都看不上，她看上的男孩子又看不上她。

大学时的一个学姐，上了大学后就一直没有交过男朋友，她也一直好奇，不明白为什么。说实话她的条件不差，家里父母是医生，可是就是一直没有男朋友。后来才发现，其实是她自己要求太高，她的自我定位有问题。比如她一米六三的身高，却要求男方要超过一米八〇。

所以虽然这些年追她的人不少，可是她都嫌弃他们层次太低配不上她，一直觉得跟她匹配的男生没有追过她。

其实数字是很容易让人产生误解的，**很多人以为追求自己的人多了，自己就是女神级别的人物了**。**事实上如果追求者层次都差不多，那么被追的女孩子也只是那个层次的**。**所以当觉得追求者都不理想的时候，就要好好反思自己了，很有可能是自己的问题，而不是追求你的人不够理想**。

这种时候最好的办法和方式，就是看自己想要的是什么，然后作出取舍。例如若是重视对方相貌的话，那就可能要在身高上让步。若是重视学历的话，可能就需要在其他方面综合一下。如果太贪心什么都想要的话，那么就很容易变成剩男剩女。

女人的年龄也是一个问题。年轻的女孩跟稍微年长一点的女孩，在一般男人眼里价值是不一样的。一个女孩子年轻的时候，她要求高是有一定资本的。而现实是非常残酷的，特别是在亚洲国家，当一个女人慢慢接近三十的时候，她在男人眼中的价值也慢慢在改变。所以这种时候若不能好好地根据自己的年龄调整定位的话，就很容易变成剩女。

第六章

重新变成淡水鱼后我还能适应河里吗·

为何离婚？离婚之后呢？

男人到底为什么选择离婚？离婚给孩子造成的伤害当然不小，可是如果夫妻间已经没有了感情，为了孩子而不离婚，真的对孩子心理没有影响吗？为了孩子的学业瞒着孩子离婚，真的是正确的选择吗？

6.1 为什么说男人有钱就变坏

经常听妈妈阿姨辈和身边的朋友说，“男人有钱就变坏”。难道人一有钱就真的会变吗？这种现象到底是怎么回事呢？

其实并不是金钱改变了男人的本性，而是金钱给了男人花心的机会。根据进化心理学（Evolutionary Psychology），雄性动物的本能就是传播他的"种子”，让他的DNA遍布全世界。被称为人类动机论（Human Motivation）之父兼专家伯纳德·维纳（Bernard Weiner）教授说，作为高级动物的人类，男人花心的天性，就是被他的本能所驱使的。因此大部分男人还是掩饰不住内在花心的本性。但虽然男人天性花心，虽然本性难移，可人和动物终有区别，

大多数男同胞还是有超越本性的控制能力的。

男人有钱后会发生变化，大多有三种原因:

6.1.1 第一种，本来就花心

让人产生男人有钱就变坏这种错觉的，多数是第一种原因。这类男人本来就花心，可能在经济条件不好的时候他没有本钱花心，因此会给人造成一种不花心的错觉。本钱所指的不只是金钱，不会说话、相貌不佳、不修边幅，都可能是没有本钱的表现。而等他有钱之后，就算还是一样的不修边幅，照样可以花心。如果一个男人成功地改变了自己的外表，或是变得会讨女孩子欢心了，那就有了花心的本钱。所以等有了本钱后，便可以原形毕露完成他少年时代的梦想。因此不是金钱改变了男人，而是这个男人本性就花心。

例1：高中时的同学L先生就是一个在当时算是以上所述说的没有本钱的男人。高中时L先生交了一个对他非常好的女朋友，在外人看来他对这个女朋友非常死心塌地。在这个女孩子的熏陶下，L先生开始注意护肤，同时也学会了如何穿搭衣服。因此在大学时L先生脸上的痘痘好了，渐渐变得有型了。身边的朋友原先都觉得L先生是一个很专一的人，可是后来他竟然“劈腿” 了，除了高中时期一直跟他在一起的女朋友之外在外边同时又交了一个女朋友，他所有的朋友都很吃惊。一开始L先生就是qq上加各种小妹妹乱聊，后来就开始约她们出去玩了。所以男人不是有钱才会变坏，而是本来就花心的人，有了本钱后就会露出本性。最后大家眼中的好好先生，变成了花心的劈腿男。

例2：我有一个男性朋友S先生，他过去很会讨女孩子欢心。读书时虽然没有钱，但有会讨女生喜欢的特质，也算是很有本钱的男人。所以从他读书开始，就非常花心。不仅两三个月换一个女朋友，有的时候还同时交往两三个女朋友。等后来他工作了有了经济基础后更加花心了，以前虽然女人缘好可是女孩子还是得自己去追求，现在有钱之后，很多女孩子会主动倒贴上来。这样他花心起来就更加方便了，所以他不是人家口中说的越有钱越花心，而是越有本钱花心越容易。

这两个例子中，前者大家会说是外表掩盖了他的本性，而后者在外人眼里却是个越有钱越花心的人。可是实际上他们都一样，本性从未改变，改变的只是他们有没有花心的能力和本钱。

当然这种状况也会有例外。很多男人在突然发达或者是发现自己有本钱的时候，为了证明自己的魅力会开始多多少少花心一点。可是当他们玩够了，或习惯了自己的魅力之后，往往就开始收心。不过这个证明了自己的魅力和玩腻了的过程可能是一两年也有可能是五六年。所以看男友是否处于是否还没有玩腻还是一直都会花心下去，还是要观察他近几年的动向。不要被他的“我一定会改”骗了。

6.1.2 第二种，“有一些人会陪你共苦，而有一些人只能陪你同甘”

人们常说，能“同甘共苦”才是真正经得起考验的感情，可是现实却是残酷的，大多数人的感情都经不起考验。每个人身处不同的阶段，身边需要的女人和朋友都是不一样的。因此不同的阶段，每个人的朋友圈子都会发生改变。例如从普通初中考上了重点高中后，回去看那些初中的朋友，就会觉得跟自己相差甚远。同样从重点高中毕业后出国的同学，和留在国内的同学聚会时，能聊的共同点也越来越少了。

所以无论是朋友圈子，还是陪伴自己的女人，都会因为地位的改变而有所不同。条件差的时候，跟朋友一起吃快餐；条件好了，就想和朋友一起吃海鲜酒家。当一个男人在一无所有的打拼阶段，他身边需要一个会替他省钱和做饭打扫的女人；而当他成功了之后，他需要的是一个可以陪他花钱的女人。一个成功的男人所追求的是生活品质，这时的他需要的是一个会打扮、会穿名牌、会点西餐的女人陪伴左右。成功后的他不再需要一个到了名牌专卖店看到价格就摇头，舍不得出门吃大餐的“黄脸婆”。就象吃习惯了高档餐厅的人，同样也不愿意陪朋友经常吃街边小吃了。

家里有一个长辈，年轻的时候过得很清苦，他的夫人也非常贤惠。快四十岁的时候，一次偶然的投资机会，让家里富有了起来，之后这位叔叔就喜欢穿名牌吃西餐，可是他的夫人还是改不了节俭的习惯。

有一次叔叔非常想吃牛排，并邀请他的夫人跟他同去，可是他的夫人嫌牛排太贵，觉得在家里炸猪排就好了。最后这件事情成了他们离婚的导火线。

这跟现在很多成功人士的家庭很像，原配因为心疼自己老公辛辛苦苦赚来的钱，舍不得多花；而男人有钱了，就是想找一个可以陪自己花钱的女人。所以到了最后，因为有一方变了，当初合适的人就不再那么合适了。

6.1.3 第三种，美国的一个现象“Trophy Wife”

所谓的“Trophy wife”，翻译成中文意思就是“奖杯老婆”。奖杯自身代表的是一种成就和认可，而对于一个男人来说，女人（老婆）就是提高男人本身身价的战利品和炫耀品——他的奖杯。

其实大部分的男人都是好面子的，出门在外和应酬的时候，都希望身边的女人值得他骄傲。无论是身材容貌，还是工作，都可以成为男人们炫耀的筹码。所以，当一个男人改变了自己的交际圈和社会地位，他之前能炫耀的老婆又没有了炫耀之处，这个时候他就会想找一个新的战利品、炫耀品。

“奖杯老婆”和上述的第二种看似相同，却又不一样。“奖杯老婆”现象中，男人换老婆是因为对之前的老婆有所不满，与“不能同甘共苦”相同。不同的是“奖杯老婆”里，之前的老婆并非不能满足男人同甘的愿望，而是男人觉得自己的地位不同了，所以想换一个老婆。

不能“同甘共苦”中的男人，对老婆不满意的一般都是内在问题，例如个性、思维方式和价值观等等。

“奖杯老婆”现象里对于老婆不满意的地方一般都是外在的，例如长相、身材、职业、毕业的大学等等。有的时候，这种现象中的男人，可能对之前的老婆并没有什么不满，只是单纯地觉得自己的地位不一样了，所以身边需要换一个等值的女人。

这种现象告诉我们的是一种心理：大家都认为当一个人付出越多时，得到的就一定是最好的。比如一个人年轻的时候买了一块玉，有钱后花更多的钱又买了一块玉。虽然后面的那块玉不一定比之前的好，可是就因为它要比之前那块花了更多的钱，人的内心就会觉得后者才是最好的。

就像糟糠之妻一样，在你什么都没有的时候跟着你，你就会觉得她只配得上当初什么都没有的你；而如今你成功了，这个时候追到的女人一定是符合你现在生活档次和社会地位的。

可能之后追到的女人并没有自己的原配优秀，可是在这种心理下，还是会觉得成功后所交往的女人，才是更般配更好的。

虽然这种心理是不正确的，可是这种现象的普遍，是因为男人的自尊心所导致的偏见，所以很难改变。

我有一个阿姨，年轻的时候家境很好，学历非常高，人也很漂亮。当初所有人都说叔叔配不上阿姨，最后叔叔靠着阿姨家里给的钱创业成功，变成了大老板。当所有人觉得叔叔终于配上了阿姨的时候，那位叔叔却找了一个小明星。论长相、学历和身材都没有那位阿姨好，唯一的优势是年龄小。可是因为那位小明星是叔叔成功后才追到的，所以按照“奖杯老婆”的心理，就会觉得小明星要比原配好。

生活小建议

女人们不要再当“黄脸婆”了，让自己漂亮起来吧！同时也要特别注意你的男人如今在什么阶段，这个阶段的他最需要的是什么。

如果你的男人没有变化，那你也可以跟着他保持稳定。可是如果你的男人变了，那就请你一定要跟上他的脚步，跟他肩并肩携手与共，不然你就只能望着他往前走的背影。

虽然男人的本性花心，可是女人也可以有很多“手段”，

让身边的男人放不下、不厌烦。例如最基本的就是投其所好。虽然女人不需要真的去了解男人喜欢的东西，不过在他们诉说的时候也可以用心记下。比如说大部分的男士都热爱车子，会上网研究各式各样汽车的特性。而当自己的男人在路上看到了一辆车开始诉说它的特别之处的时候，作为妻子的自己可以表现得非常有兴趣。这样男人就会愿意跟你聊天。

第二个建议就是随着男人的地位改变自己。很多女人觉得为了自己爱的人而省钱是一件好事，可是不能处处都省钱。例如当自己的男人愿意请你吃一顿大餐或是买东西的时候，千万要记得不能为了省钱伤了自己男人的面子。对于男人来说可以请自己的女人吃一顿好的，或者送她体面的礼物，都是一种自我虚荣心的满足，在这方面给足男人面子的方式就是让他为你花钱。

所以希望“黄脸婆们”可以改变自己，变回美少女。

对此后文会继续阐述。

6.2 婚姻失败后的几种女人

在很多东方人眼里，中年离婚就等于爱情的结束，就意味着之后要悲惨地过一生。另外，很多人觉得离婚了，双方就要变成仇人。

其实在西方国家，离婚后的女人大多可以有新的生活，离婚并不代表“完了”。

离婚后的女人有很多种类型，有些像怨妇一样抱怨不满一辈子，有些开始改变生活并寻找第二春，还有些把时间花在好好培养孩子和充实自己的生活上。

6.2.1 朋友眼中的祥林嫂

这是中年妇女离婚后最普遍见到的一种。离婚后她们觉得男人背叛了她们，欠了她们很多，觉得她们的青春白白浪费了。

刚离婚的时候，朋友们都纷纷表示安慰和同情，愿意每次都听她们唠叨，给她们出主意。可是半年后她们还是没有任何改变，每

次朋友聚会还是照样诅咒自己的前夫，还是抱怨自己对他有多好自己有多不值得，年轻的女人只不过是看上了他的钱罢了。

其实无论多好的朋友，都是喜欢和快乐的人在一起的。而当一个人充满了负面情绪的时候，身边的人都会渐渐地离她远去。

负面的心情和抱怨，除了会让朋友远去之外，还会把自己困住。

所以就算离婚了，也要尽量保持积极的心态；就算是欺骗自己，骗久了，自己也会相信自己是真的可以重新快乐起来的。

6.2.2 不需要男人，跟孩子一起也很快乐

中年离婚的人一般都有孩子，离婚后最难熬的日子里，可以把重心放在孩子身上。这个当然不是说把孩子当作替代品，而是可以多关心关心孩子，多陪他们出去玩玩。

我认识的一位中年离异的妇女，离婚后给孩子报了很多孩子自己喜欢的兴趣班。在陪孩子的同时，她也跟着孩子学会了弹琴跳舞等新的才艺，同时还认识了很多其他小朋友的妈妈，并且成为了朋友。

在孩子学习的时候，这帮妈妈们经常出去吃饭喝下午茶聊天，

过得非常充实。放假的时候，她也带着自己的女儿到处玩，跟女儿两个人享受浪漫时光。

当然孩子总有一天会长大，孩子离开家之后可以养一只宠物。孩子不在身边的时候，可以跟狗狗玩，跟它说话，来丰富自己的生活。

6.2.3 自己也可以活得很精彩

如果离婚的时候孩子已经大了的话，不妨多投资自己。找时间去做美容，护理保养头发，甚至自己去旅游，都是很不错的方式。

很多人觉得，自己一个人出门或者吃饭、旅游，都是很寂寞的事情，其实寂寞与否都是心态，最主要的是一个人要比两个人省心很多，想去哪里就去哪里，想吃什么就吃什么。去理发或者美容时，可以跟理发师美容师多聊聊；出去旅游的时候，也可以跟沿途遇到的路人多接触。

母亲的朋友中就有这么一位阿姨，孩子读大学后才离的婚。离婚后她选择一个人去美国游学，在美国报了一家语言学校。一去就是三个月。她自己到处玩，去潜水去坐直升飞机。同时这位阿姨也不在乎年龄比其他的同学大很多，经常跟他们交流聊天。英语学好了后，这位阿姨更加不怕，自己到处去旅行。现在朋友圈里都是她

潇洒的照片，估计她前夫看到都嫉妒死了。

6.2.4 重新寻找第二春

大学的最后一个学期，我认识了一个年纪明显比其他学生大一轮的姐姐。一起复习考试之后，才了解到她是离婚后才回到校园的。

这位快四十的中国女人，在离婚后决定到美国开始新的生活。

在洛杉矶，她非常受欢迎，与她的交谈中发现现在有两位很优秀的男士在追求她。这两位男士都是四十多，曾有过一段婚姻，其中一个还有一个孩子。这两位男士都非常成功，对她也非常好。

她跟我说，刚离婚的时候，她以为自己的人生注定要孤独到老了。可是现在她发现，只要眼界放宽，世界还是很精彩的。中国人大都觉得快四十岁的人怎么还嫁得出去，可西方人却认为，四十岁的女人相对四十五或者五十岁的男人还是小妹妹。

所以不妨去外面的世界试试，重新出发找到自己新的幸福。中国的风俗习惯比较保守，这样的例子也比较少，可是在国外却很常见。随着中国越来越开放，选择出国重新开始寻找自己的新生活，未必是件坏事。

6.3 既然男人已经抓不住了，如何在离婚时做一个智慧的女人

很多人觉得离婚了就是结束了，你既然已经抛弃了我，我也不会让你过好日子。对于离婚的双方来说，因为观点立场不同而有所谓的对错，可是离婚时撕破脸，真的是最好的结局吗？

6.4 离婚后怎么正确引导孩子

父母离异对孩子的影响是非常大的，但正确的教育方式可以把对孩子的伤害降到最低。

心理学家发现，离婚时孩子常常会认为，父母的离异是他们造成的。怎么才能让孩子明白，父母婚姻的失败与他们无关？如何让孩子相信爱情和婚姻呢？这时，对孩子的教育指导就显得非常重要。

6.4.1 教孩子讨厌爸爸，一切都是爸爸的错

离婚后，一般情况下孩子都是判给妈妈的。而造成离婚的大部分原因，都是爸爸有了别人而选择跟妈妈离婚。在这种前提下，母亲在离婚后都很容易把错误推到爸爸身上。而这种抱怨和推卸责任，很容易让孩子无意中恨自己的父亲。

就算全是男方的不对，女方真的恨男方，也不能在孩子面前表现出来，或者向自己的孩子抱怨他的爸爸。因为对于孩子来说，父母总归是父母，他永远爱自己的爸爸和妈妈。如果孩子讨厌爸爸或者认为都是男人的错，他未来的价值观和感情婚姻，都很有可能出现问题。

我遇到过一个十一岁的小女孩，她问我有没有男朋友，我说有。她问我爱他吗？我回答当然爱。她看了我一眼很讽刺地说："你爱他有什么用，男人都不是什么好东西。"我当时非常惊讶，这种话怎么可能从一个十一岁的孩子嘴里说出来。后来才了解到她父母刚离婚没多久，而她的母亲天天在她面前骂她的父亲。

如果孩子是女儿的话，在她面前骂她的父亲骂男人，会让她对未来的感情和婚姻没有安全感。她可能会觉得男人都不好，而不愿意去信任男人。这样一来，在感情中，她会多疑，而一段稳定的感情有赖于双方的信任。

如果孩子是儿子的话，妈妈天天在他面前骂爸爸，会让他觉得男人都不可靠。而当一个男孩子觉得男人都不好时，他自己可能也会慢慢变坏。妈妈的反映会让他觉得男人不好才是正常的，因为他的父亲就是这样。既然大家都说有其父必有其子，那么他为什么要努力变成一个好男人呢？反正大家都认定他不会成为好人。

6.4.2 告诉孩子离婚是大人的问题，与他们无关

无论如何，离婚对孩子是有影响的，我们所能做的就是用正确方式，把影响降到最低。

美国心理专家研究发现，孩子在父母吵架的时候，常常会认为是自己的错误。所以当父母离婚的时候，孩子也会觉得是自己的错所引起的，然后就要琢磨如何才能挽回错误。

所以大人在离婚后要多开导孩子，告诉他爸爸妈妈离婚跟他没有关系，是大人的问题。无论事实是不是如此，跟孩子说离婚是因为爸爸妈妈个性不合，这无疑是最好的理由。

这样一来，孩子对于爱情的看法就会有所不同。如果爸爸妈妈离婚是因为他们不合适，那将来自己如果找了一个合适的人，就不会像爸爸妈妈一样离婚。

如果告诉孩子爸爸跟妈妈离婚，是因为爸爸喜欢上了年轻漂亮的女人，男人都不是好东西，那么孩子很容易无法相信婚姻，觉得自己的婚姻必然重蹈父母的覆辙。

如果条件允许，让孩子跟心理医师聊聊会有益处。很多话孩子可能不敢跟爸爸妈妈说，或者很多父母无法跟孩子说的话，都可以通过心理医师来传达。如果找不到合适的心理医师，找个孩子比较亲近的长辈也行，祖父母或是老师都是不错的选择，让孩子跟他们多交流吐露真实想法。

6.5 为了孩子不离婚，到底好还是不好

日本有一个流行词语叫“家庭内离婚”，是指本想离婚，但因为孩子或者经济原因没有离婚的夫妇。

这类夫妇一般不同房，有的时候还各自在外面寻找别的恋人。其中有一些可以和平相处，另外一些矛盾多多，关系不好天天吵架。

我初高中的时候有一个朋友，他的爸妈就属于家庭内离婚。在

为了孩子没有离婚的15年里，他们经常为了孩子的教育费用等各种小事争吵不休。

虽然没有离婚，可对孩子的影响却非常大，他天天生活在矛盾和各种压力中，无论是脾气还是性格都受到了影响。

美国心理学家做过一个实验，就算是不会说话和无法理解父母语言的婴儿，在父母起争执的时候，都会表现出苦恼不安。我这个同学初中的时候脾气非常暴躁，由于父母天天争执带来的压力和不安无处发泄，使他常常在学校拿同学们出气，有一次甚至把家里的保姆打到骨折。

在交谈中他常常会提到他的家庭，他说他的父母其实早就想分开了，可是后来他的母亲怀上了他，因为责任他的父亲留了下来。他经常说无法真正离婚的父母非常不快乐，如果父母真正离婚就好了。

虽然很多时候这种家庭内离婚的夫妇，以为孩子不知道，什么都可以瞒得住，可事实上孩子虽然小却非常清楚。

美国心理学家康斯坦斯·佳杰（Constance T. Gager）发现，**父母不离婚却经常吵架，对孩子今后感情生活的影响比离婚还要大**。所以很多时候父母为了孩子而选择不离婚，这对孩子来说未必真的好。

6.6 隐瞒离婚的真相对孩子有什么影响

有一些父母为了孩子的学业，就算离婚了也瞒着，想等孩子进了大学之后再跟他说。可是事实上这种欺骗，对孩子将来的婚姻和相互信任，都有非常大的影响。

对于孩子来说，最亲近的人应该是自己的父母。自己最应该相信的人都能对自己撒这么大的谎，自己以后还能相信谁呢?

我有位朋友的父母就是在她初中时候离婚的，因为父母在外地做生意，所以隐瞒下来并不难。等她高考完收到大学录取通知书的时候，他的父母才告诉她真相。这个时候她的爸爸已经再婚又有新的小孩了。

这个打击对她来说实在是太大了。高中时期因为学业没有时间谈恋爱，读了大学之后也一直没有想法，现在大学毕业了还是没有交过男朋友。她是一个非常可爱的女孩，个性很好，也有很多人喜欢她，可是对于男人和婚姻的不信任，让她没有办法谈恋爱。到如今都是跟异性心生好感，可是到了别人想真正在一起的时候，她就是不敢答应，她说不知道两个人该怎么相处。连自己的爸爸都这样骗她，她要怎么才能相信男人?

所以为了孩子想瞒住自己婚姻状况的父母，可以考虑慢慢地告知自己的孩子，让他们有个接受的缓冲过程，而不是一拖很多年。

番外一

我和“他”的妈妈

7.1 婆媳关系的前篇（女友与妈妈）

在如今这个时代，除了婆媳关系之外，还有一种新关系叫“男朋友的妈妈”。这种关系也是非常难处理的，稍有不慎，一段感情就难持久。这种关系的维持主要在于男方的态度而不是女方。所以若是女友见过了自己的妈妈之后，男友的所作所为需更加谨慎。

其实妈妈和女朋友关系变得复杂，误会多多，罪魁祸首就是男方，而这种关系中最忌讳的就是“传话”。传话的时候很容易会错意，加深双方的误会。很多时候妈妈的抱怨完全是无心的，就像抱怨天气热和最近菜涨价了一样，只是随口说说而已，没有任何别的意思，也不期待改变什么。可是这种无心的抱怨，如果被儿子当回事，并转告了女朋友后，事情就闹大了。

例如，男方跟女友说“我妈嫌你花枝招展”。无论男方是出于什么原因说这句话，女朋友听在耳里就会误以为：你妈妈嫌弃我，那你是要跟我分手吗？如果不是，那么你传这句话又是想表达什么呢？

所以各位男士如果你不想跟你女朋友分手的话，那就千万不要把“我妈妈嫌你……”这种话说出口。

其实男方妈妈的原话可能不是“花枝招展”而只是觉得妆化得有点浓。如果同样的一句话换种方式说，可以避免许多不必要的误会。例如，可以跟女朋友说：“你那天去我家的时候妆可能有点浓，我知道你是希望我父母觉得你漂亮，想给他们一个好印象。但我妈妈比较保守，所以以后去我家的时候可不可以妆画得淡一点？你不化妆其实也很漂亮的。”

当然这种花言巧语也不是每个人都会说的，如果事情不是太严重的话，那就最好什么都别说，以免造成不可挽回的后果。

男士除了不要跟女友提起自己妈妈对她的不好印象之外，切记不要跟自己的妈妈抱怨女友。听到男方无心的抱怨，妈妈可能会觉得儿子的女朋友不好，或者是未来儿媳欺负自己的儿子。所以若是在自己的母亲面前说了太多关于女朋友的不好，那么妈妈很有可能对女孩子产生反感。

第一，跟妈妈抱怨女朋友的时候，妈妈听到的仅仅是一面之词，所以会觉得都是女方的错。第二，妈妈永远是偏袒自己的儿子的，所以在她眼里，都是女方欺负自己的儿子。第三，妈妈对女友不了解，相处的时间也不多，常听儿子抱怨的话，就会觉得“她”充满了缺点。所以为了不让妈妈对女友过于反感，最好少在妈妈面前说女友的不是。

当然最后一点必需提醒大家，婆婆永远都不可能满意儿媳的。在她们心里，儿子的老婆就是在跟自己抢儿子，所以男人们不必太在意妈妈是否嫌弃女友或老婆，只要妈妈不讨厌，偶尔的看不惯和抱怨都是不可避免的。

7.2 不让女友见家长未必是一件坏事

恋爱谈久了，女方都会有见男方家长的想法。女孩认为，见家长意味着被男方认可，明确为“正式”女友。而见过男方父母，也是女孩子对男方宣布所有权的一种方式。所以在确定了恋爱关系之后，如果这个女孩子跟男孩子有长期交往的打算的话，一般都会要

求见男方的父母。这个时候如果男方不愿意让女方见自己的父母，那么女方很有可能会为此而动怒，甚至大吵一架。

在女方的眼里，不带自己见父母，可能是一种不认可。当男方不愿意带女友见父母，或者找各种借口推辞时，女方会胡思乱想各种原因，如“是不是你觉得我不够好”“是不是你爸爸妈妈不喜欢我”“是不是我配不上你”等等。有些时候女孩子甚至会想“你是不是有别的女朋友”？或者是“你是不是已经结婚了”？

当然最常想到的是，如果不见父母，男方是不是只是想玩玩，根本没有要结婚的打算。

其实男方不带女友见父母，虽然以上猜测的可能性都不小，但还有个最主要的原因，就是过早带女友见父母可能不是一件好事。在感情基础不深的时候，去见了男方的父母，说不定会适得其反。

当男方足够了解和认识自己的女朋友的时候，父母的看法男方可能不会太过在意；可是当双方感情没有那么稳定，还没有要长久在一起的信心之前，男方父母对于女方的看法，可能会对男方是否要继续交往产生很大的影响。

两个人交往的时候，本来就有很多其他的原因或者因素可能导致两个人分手，而父母的观念会增加交往中的阻碍。在个性和生活方式没有完全磨合前，如果再加上父母的压力，就会多一重艰难。

而且很多时候，这种阻碍不只限于明确的反对。比如父母对于女友的一些微小的意见，日积月累后就有可能成为分手的重要因素之一。所以，在双方没有确定是否要步入婚姻之前，见父母可能弊大于利。

男方反感带女方见父母，另外一个原因是因为很多女孩子在见了男方父母后，就觉得感情稳定甚至有了婚姻的保障。其实有些男孩带女方见父母，很有可能是刚开始觉得无所谓，或者是在女孩子的要求下屈服，并无结婚的打算。可是女方见过男方父母后，会常常把这件事情挂在嘴边，作为男方有意向结婚的证据。这样一来，很有可能会引起男方的反感。男人本来就怕束缚，更怕自己没有准备好要负一辈子的责任，此时越是逼迫他，他就会越想逃避。所以这种时候，若是见了男方父母的话，可能会增加男方对于女友的厌恶感，甚至变成两人分手的催化剂。

我的一个男闺蜜，有一位交往了快三年的女朋友，就是因为过早见了父母，导致两个人的感情恶化。最初他只是觉得带女友见父母很麻烦，但在女友不断要求之下，他就照办了，以为见完了女朋友就可以不烦他了。哪知见完父母之后，不但没增强男方要结婚的想法，反而减弱了这种心愿。

男方对女友本来没有任何不般配或是门不当户不对的想法，可是见了父母之后，男方母亲对于女友各种挑剔，觉得家境差距太大

不能在一起。虽然他没有因为他妈妈的话跟女友马上分手，可是从此之后他觉得跟女友有未来的可能性越来越小。

而女方呢，对男方父母的不满毫不知情，还以为见过父母之后双方的感情得到了家长的肯定。所以在朋友聚会的时候，女方常常把自己跟男友父母相处的事情挂在嘴边，让男方所有的朋友都以为他们感情稳定甚至于可能是奔着结婚去了，这让男方越来越反感。最后男方还是受不了女方想要结婚的压力，决定分手。

如果本来就有跟女友结婚的打算，见家长后就算父母反对，男方可能还是会坚持自己的想法。可是如果在男方未确定或者没有结婚打算时，太早去见他的父母，那么父母的言行和看法，很有可能影响男方的决定。

所以很多情侣不过早见父母，感情反而能维持下去。因此作为女孩子，不要太着急逼自己的男朋友带自己回去见父母。

7.3 和跟自己妈妈相处比起来，跟婆婆相处更要小心

常常听家里的老人说，最好的婆媳关系就是婆婆把儿媳当女儿，媳妇把婆婆当妈妈。虽然这听起来很好，可是现实生活中却很难做到。无论婆婆对自己的儿媳妇有多满意，或者婆媳关系有多好，都没有办法像妈妈和女儿一样。

对于自己的孩子，无论犯了什么错误，妈妈都会包容，可是对于儿媳妇，确实做不到。所以，和跟自己妈妈相处比起来，跟婆婆相处更要小心。虽然嫁过去之后都强调是一家人，可是婆家跟自己家还是不一样，说是不会介意，现实常常事与愿违。

儿媳妇在婆婆面前最忌讳的几件事，第一件就是抱怨老公和讨公道。虽然很多婆婆都会说自己帮理不帮亲，可是每一个父母都是偏袒自己的孩子的。所以老公做错了，找婆婆抱怨或者希望在婆婆那里讨到公道，时间久了次数多了，会引起婆婆的反感。在婆婆眼里，儿媳常常抱怨丈夫，是一种嫌弃自己儿子的表现。而当婆婆觉得自己的儿媳妇嫌弃自己儿子的时候，就会对儿媳妇有看法。

所以在婆媳相处的时候，最好少跟婆婆抱怨老公，要吐槽老公的话，只能去找自己的妈妈或闺蜜。

第二件最常犯的错误，就是跟婆婆相处毫不掩饰。在亚洲特别是在中国，很多时候，婆婆和儿媳妇是住在一起的。虽然结了婚后都是一家人，可是婆婆对于儿媳妇的包容度比不上自己的父母。

在亚洲，就算女方不是全职家庭主妇，大部分人的收入也没有男方高。所以，在婆婆眼里，儿媳妇就是在花自己儿子的钱。并且，一般的长辈都会比年轻人节省些，所以这个时候，经济上需要作一些掩饰。

比如说在自己家里的时候，逛街后大包小包地拎回家没有关系。可是在婆家，回家前尽可能把几个袋子合并到一起，这样看起来买的东西会少一点。当婆婆问起东西价格的时候，也要尽量往少了说。

很多年轻人觉得家人相处，要坦诚和诚实，可是说一些善意的谎言，也未必是坏事。

第三件也是最重要的，就是不要在老公面前抱怨婆婆。

现在很多不懂事的女孩子，无论是谈恋爱的时候还是结了婚后，都很喜欢比较老公是在乎自己还是他的母亲。在男人眼中，这是一件非常忌讳的事情。网上流传最多的就是，“如果我跟你妈妈同时掉到水里你会先救谁”，女孩总爱以此逼迫男友证明自己的重要性。结了婚后，女方也常常在跟婆婆起争执的时候，问老公到底是自己重要还是婆婆重要。

可是实际上这种问题会让男方很为难。老婆虽然是自己决定共度一生的人，可是母亲毕竟是对自己有孕育和养育之恩的人。

你反过来想一想，若是没有婆婆，也不会有自己的丈夫，所以作为儿媳妇要理解丈夫，少问诸如此类的问题。作为母亲，也肯定希望孩子日后把自己看得比伴侣重。因此在这种时候，要理解老公把婆婆看得比较重。

番外二

男人的谎言

8.1 回复的速度和在乎程度

网络上广为流传，“一个男人对你的在乎程度在于他回你信息的速度”。所以很多女孩子因为男友回信息速度变慢就开始吵闹，觉得对方不在乎自己了。

其实这只适用于热恋时的情侣。热恋期过后双方开始忙碌起来，很多时候就没有马上回信息的冲动了。所以这种现象只适合猜测男人在追到你之前，是否对你有足够的兴趣。热恋的时候就算是再忙也会回短信，待感情稳定之后，男人就会把工作或者朋友放在女友之前了。很多时候就算没有事，单纯只是累，男人也会懒得马上回短信。

这个时候如果女朋友一直烦，或者总是质问为什么不回短信，只会让男人越来越反感。而在女友的不断打扰之下，男人也会形成对于女友信息的反感。一旦这种反感成为了习惯，那么男人很有可能会开始回避女友的短信，甚至觉得能逃避多久就多久。

所以为了避免男友对自己所发的信息产生反感，最好不要在对方忙的时候连续发信息，就算事情很急或是生气都要尽量忍住。

8.2 男人最大的谎言就是“我累了”和“我准备睡了”

很多人觉得男人最大的谎言肯定跟出轨有关，其实根本不是。在现实生活中，男人最大的谎言是“我累了”和“我准备睡了”。女人常常喜欢追究男人谎言背后的意思，在“我累了”和“我准备睡了”背后，难道真的隐藏着什么惊天秘密吗？难道是因为要出轨？或是在跟别人聊天？还是跟别的女人出去了？

其实“我累了”和“我准备睡了”背后没有那么多阴谋，男方就是累了而已。一天忙碌的工作后，或者是感情稳定了之后，大部分的男人都不愿意跟另外一半聊天。而女人则习惯在下班后回到家，跟另外一半诉说自己一天过得如何。但男人与女人不同，他们在累的时候喜欢自己一个人静静。

所以当女人追问男友是不是真的睡了的时候，其实他们只是想休息，而这种追究只会让他们反感。特别是如果邀约男方出去玩的时候，男方说自己累了，这个时候如果女孩子还是勉强的话，就算对方满足了出游的要求，也会怨气重重。

8.3 能看穿男人谎言的女人就是聪明的女人吗

年轻的时候很多女人觉得能看出一个男人所说的谎言，代表自己聪明，不会莫名其妙地被骗。并且在看清楚了对方的谎言后，很多女人也会选择拆穿男人的谎言，来证明自己不是傻子。

当人成熟了之后才发现，拆穿谎言是最傻的行为。

第一，如果你想和一个人好好过下去的话，就不要去拆穿对方的谎言。无论是男人还是女人，在谎言被拆穿的时候，第一反应就是保护自己。当人被质问的时候，无论自己是对还是错，都会理直气壮地狡辩，没有人愿意承认自己的错误。所以刻意去拆穿伴侣的谎言，只会让事情变得更糟。特别是在一些小事情上拆穿谎言，一段感情很有可能因此结束。就算自己的确说谎了，可被亲近的人质疑，会产生一种不被信任的感觉。而伴侣在感情中最重要的就是信任。

很多时候大家认为blind faith（盲目的信任）是一件坏事。“盲目的信任”难道不是傻的表现吗？别人把你当成傻子了，不是会得寸进尺吗？

对于外人来说，可能“盲目的信任”不是聪明的选择；可是对于伴侣来说，真正长久的感情就是需要blink faith。如果你决定长期跟一个人走下去的话，那么他需要你“盲目的信任”。若是连最基本的信任都没有，那怎么成为情侣共度一生呢？

特别是亲近和爱自己的人，他们说谎的出发点常常是为了对方好。例如丈夫可能工作和事业上遇到了一些问题，选择对妻子说谎。那么谎言的初衷是丈夫为了不想要妻子担心。这个时候拆穿丈夫的谎言，就显得太不体贴和懂事了。所以这种情况下，若是妻子追根究底的话，那么丈夫会非常反感甚至可能动怒。

另外一种常见的谎言，可能是出于工作需要，如跟女性同事就餐。当伴侣问起的时候，很多男性都会选择说跟其他的男性同事或者朋友一起。这个谎言的初衷，只是怕伴侣猜忌而引来不必要的麻烦。而当女方质问时，男方第一会觉得是不尊重自己，第二会觉得不被信任。

我身边的一位男性朋友，他和女朋友谈了5年的恋爱，后来因为工作关系，男方常常需要与一些女孩子接触。在接触的过程中，认识了比较谈得来的女性朋友。这位男孩子跟那位女性友人只是单纯的朋友关系，可是他的女朋友不信任自己的男友，常常质疑他和那位友人的关系，最后还以分手相逼，要求男友与朋友绝交。最后男方选择了分手。

男方选择分手并不是想跟女性朋友在一起，而是觉得女友这样一次次地逼迫和质问，是对自己极大的不信任。既然伴侣这么不信任自己，那么就没有在一起的必要了。

对于男人来说，跟谁出去吃饭，聚会有没有女性这一类谎言，与女人买东西时，家人或者是伴侣问价格时随口一说是一个道理，为的只是避免不必要的麻烦，初衷只是不想让伴侣生气。女人在伴侣问自己价格的时候，也会少说一个零或者把价格砍掉一半。如果这么想的话，男人的很多谎言真的有必要揭穿吗？

8.4 男人出轨时候的谎言也不该揭穿吗

虽然伴侣之间要有“盲目的信任”，可是若是明明知道对方出轨了，还不揭穿，是不是太傻了？

其实这个时候男人说的谎言该不该揭穿，要看你想要的是什么样的结果。如果已经结了婚的话，那么拆穿谎言很可能会适得其反，导致离婚。就算还是情侣，如果你想挽回这段感情的话，也不要拆穿谎言。

出轨的定义对于每个人来说都不同，所以在决定是否质问另外一半出轨之前，也要认真考虑对方的行为算不算真正的出轨。很多年长的妈妈和阿姨说，其实维持二三十年婚姻的经验，就是凡事都睁一只眼闭一只眼。当然每个人对于什么事情可以睁一只眼闭一只眼的定义也不尽相同。

一些女人对于出轨的底线，是只要男方不为了外面的女人对家庭或者自己造成损失，也没有要离开的意思，那么就可以睁一只眼闭一只眼；

一些女人觉得，偶尔跟别的女人出去吃饭看电影可以接受；

对于年纪较轻的一些女孩子来说，网上跟陌生的女人聊天就算出轨，那么这就是她们的底线。

之前提到从进化学来说，男人与女人对于感情有本质上的区

别。男人大多数都是喜新厌旧和花心的，所以中国俗话中才会有“哪有不偷腥的猫”这种说法。大部分时候男人“偷腥”并不代表想离开自己的伴侣，只是单纯地图个新鲜，或者是脑子突然发热。这种新鲜感和突然火星撞地球的激情，维持的时间常常不超过3个月。若是3个月后这种感觉淡了，男人可以理性思考了，他未必会为了新认识的人放弃自己长久的伴侣。

而且很多时候在激情淡了之后，男人说不定发现自己更离不开且更爱长期陪伴自己的人了。何况能长时间在一起的人，是经过了长久考验和磨合的，那么大部分的情况下，肯定比新认识的品性醇厚和合适。说不定有了比较之后，男人会发现还是陪伴了自己多年的人对自己好。

可是若是在男人头脑发热和新鲜感最强的时候，质问他和揭发他有外遇，那么结局很有可能就是结束。

就算男人在热恋过后后悔了，想挽回了，他也不可能求复合了。因为对于男人来说，面子很多时候要比自己的利益重要，在没有台阶下的情况下，他很难承认自己的错误并去挽回。

所以如果不希望自己多年的感情就这么结束的话，有的时候就算男人出轨了，也不要太冲动马上揭穿。好好考虑一下后果和自己要的结局是什么，再做决定。并不是所有的男人出过一次轨就会出第二次，对于很多人来说，尝过一次鲜就够了。俗话说得好，“浪子回头金不换”，所以不要为了一时赌气和冲动，而毁了自己多年经营的感情。

8.5 男人说谎真的是一件坏事吗？最糟的是连骗都懒得骗你了

虽然感情中以诚相待很重要，可是如果一个男人连骗都懒得骗你的话，那么你对他来说可能就没有那么重要了。

从心理学角度来看，欺骗对于人类来说，最主要的作用就是减少麻烦和维护形象。谎言很多时候除了维护自己的形象之外，同时也维护了受欺骗者的形象。在感情中，一个男人会骗一个女人，原因其实非常简单。第一种就是为了避免不必要的麻烦。例如与女性朋友进餐或者同事聚会时女性居多。第二种就是为了女方不受到伤害。例如家里人对于女方的意见或者只是女方的衣着问题。

而谎言比起实话来说，要费脑子和精力。一个男人愿意骗你，代表着他在乎和愿意花精力不让你受伤。所以当一个男人开始不顾忌实话会伤到对方，总是坦诚相待的时候，说明感情真的淡了。

作为女人，不要怕被自己的男人骗，而是应该害怕他不骗你。骗都懒得骗了，那么他还肯为你付出什么呢？

后 记

◆ 如何做一个格调高的优质女人

身边很多朋友问我，为什么他们身边的男生条件都比较差？为什么有些看似不如她们的女生，都有好归宿和条件非常好的男生追求？

其实女人最大的资本就是她们的格调。只有女人自己变得格调高了，身边的男人的档次才会提高。

可是这并不是每个人都可以做到的，一个格调高的女人，必然一开始是寂寞的。想提高自我格调，要做到的第一点就是“宁缺毋滥”。而“宁缺毋滥”代表着你有可能很长一段时间没有人陪伴左右。同时“宁缺毋滥”也说明你不是一个随意可以追求的人，也不是一个普通人触手可及的人。当你身边的男人觉得你不只是随便玩玩的，而是需要一定实力才可以匹配的，自然条件差的男人就被淘汰了。

一个格调高的女人要做到“自傲而不自大”，同时“自信而不自满”。你必须觉得自己很优秀，别人才会觉得你优秀，连你自己都无法说服自己，别人又如何被你说服？

所以做女人要骄傲自信，但切记不能自大自满，谦虚常常被视为女人的美德。就算你觉得这个男人配不上你，也千万不能表现出来，这样这个男人才会看重你并围着你转。

第二，见识也是女人最大的资本。男人非常欣赏有见识的女人，所以女人在有条件的情况下可以多自我投资，多到外面去走走看看。多读读书，也是一种充实自己内在的方式。

为什么说女儿要富养呢？其实富养女儿跟女孩未来会遇到什么样的男孩非常有关系。富养的女孩，不会被男孩随随便便骗走，相反男孩看到富养的女孩，也会斟酌是否相配。这样一来，觉得自己不够好的男孩就会被淘汰，富养的女孩身边剩下的就是优秀的男孩。

当然作为成年人，你已然无法选择父母是否富养了你，但是女孩子可以省钱尽量给自己买些精品，这些点缀可以使自己品位提高，当然这并不是指盲目地买很多奢侈品。

第三，一个格调高的女人要做到“宠辱不惊”，特别是当男方送东西和请吃大餐的时候。淡定从容，会让男方觉得你已经习惯了这种生活，这样就算不一定是门当户对，对方也不会嫌弃你。若是收到贵重的礼物或是在高档的餐厅露出一副受宠若惊的表情，男方可能会觉得你的表现不够得体，或者你有贪图对方钱财的潜在可能。

◆ 做一个有阅历的女人

除了做一个高格调女人之外，我认为一个女人最大的财富就是她的阅历。

现代社会中，人变得越来越物质，很多人认为投资或者把钱花在看不到的地方都是一种浪费，因此她们宁愿花钱在衣服上和包上，也不愿意花钱充实自己。

可是一个女人的容貌会老去，而阅历是可以跟随自己一辈子的东西。如果只是会打扮自己，那么大街上这样的女孩子多的是，可是阅历丰富而又经验十足的女人却弥足珍贵。

我在日本留学时，遇到了一个来日本作交换生的东北大妹子。她们系里有很多跟她条件差不多的女孩子，其实都有条件出国交换，可是出去的只有她一个。因为这些女孩子的家里人都觉得，在日本交换花的费用要比在国内多出好几倍，而且交换了一年结果还是算国内大学毕业的，这岂不是白白浪费钱吗？

可是，事实上去国外交换的这一年意义非凡，这个只在东京交换一年的东北大妹子，因此而完完全全改变了她的人生观和世界观。在到东京之前，她几乎没有真正离开过东北，视野也非常小。来了东京之后，除了东京这个大都市让她开拓眼界之外，同时也结交到了各种朋友，而这些朋友也让她看到了不同的世界。

出国前，她从未想过离开东北，只想在自己的家乡找一份稳定的工作，呆在父母身边。而在东京呆了一年后，她萌生了在日本读研的念头，留在日本也开启了她寻找新生活之路。

还有一个很好的例子。我一个亲戚，家里条件不差，有个学美术的女儿。她虽然画得不错，可是在国内也只能读二三流的美术学校。最后这位亲戚决定把孩子送去欧洲留学，虽然在欧洲也只能上二三流的美术学院。

这位女孩的一个同学，家境和她家差不多，可是家人觉得反正出国也上不了好大学，还不如让孩子在国内上，还可以给孩子多买些东西。

最后留在国内上美术学校的孩子，就算是穿着体面、长相漂亮，在见男友父母的时候，还是被他们嫌弃。但我亲戚的女儿回国之后，男友的父母觉得她是在欧洲留过学的，谈吐、阅历、气质都比一般女孩优秀。

所以对于女孩子来说，如果条件允许的话，多花点时间、钱在阅历和品位上，是值得做的。

◆成为一个活在理想状态里的女人

◎像酒一样的女人

个性强烈、带刺、不羁的女人，往往就像烈酒。很多男人贪图烈酒的刺激，可是喝多了伤身。

这种女人像烈酒一样泼辣、脾气大，常常对人不屑一顾。一开始男人觉得很刺激很有意思，可是时间一长，就会觉得不舒服和不痛快了。

我的一位朋友曾经交过这种像烈酒一样的女人，这个女孩个性强烈又有点野蛮，两人之间会动手打架或是砸东西。这种激烈的情

绪一开始让他觉得非常有意思，有情趣，可是日子久了之后就觉得烦和累，最后他还是找了一个平淡点的女孩。

◎像水一样的女人

到底什么样的女人才如水一般呢？像水一样的女人常常太平淡和包容，而容易被人遗忘。我另一位朋友的女朋友就是像水一样的女人，她与我这位朋友在一起十年，这十年间我的朋友不断劈腿，可是最后却总被她原谅。

她的个性非常的平淡，不泼辣、从不发脾气、也没有什么爱好，总是能包容男朋友一次又一次地犯错。所以这位男性朋友每次尝试过不一样的女人后，都会回到她身边。可是当他休息够了，她会又被遗忘，而他又开始寻找下一个刺激。

◎像茶一样的女人

像茶一样的女人是前面两者的结合。平淡的时候像水，激烈的时候像酒。这种女孩子会拿捏分寸，知道什么时候该耍一点小脾气，也知道什么时候该收敛。

身边一位朋友常常跟我说，他交过的最满意的女朋友是个日本人。这个日本女孩就是像茶一样的女子，撒娇俏皮时可爱，善解人意时大气，适当的时候也会耍些小性子。

◎成为像茶一样的女人

许多人说："女人应该像一杯水，温温柔柔，别计较、别吵闹、别固执。"

水虽然淡而无味，可是无论什么样的男人，都需要喝水。饮料虽然有味道可是会腻，酒虽然有刺激可是伤身，只有水才是长长久久的。

虽然每个人都需要喝水，可是水往往容易被遗忘，也最容易被替代，常常是人们的最后选择，只有在没有其他东西可喝或是十分口渴时，才会想起喝水。

其实对于喝水的人来说，他常常不在乎喝的是蒸馏水、矿泉水还是纯净水，水都一样，不容易被人记住，也不容易让人留恋，所以女人应该像一杯茶。茶如水一样温柔，懂得变通；却又不同于水，它有味道而不伤身。每种茶都不同，就算是品种相同的茶，也会因为产地和年份的不同而味道各异。喜欢喝茶的人对于喜爱的品种情有独钟，不可代替。同一杯茶，也因情况不同而或浓或淡。

一个像水一样的女人，不计较、不吵闹、不固执，虽然体谅男人，可是也常常会被男人忽略、无视；一个像茶一样的女人，懂得何时浓何时淡，知道什么时候该计较、该争取，清楚什么是男人的最后底线，在懂得体谅男人的同时，没有忘记自我，这种女人恰恰让男人无法忽略。

在生活中，水只属于家里，在外就餐时很少喝水。而茶却不同，无论是在家还是在高档的餐厅，都能见到它的踪影。像水一样的女人平淡容易让人乏味，只有需要的时候才会让人想起；而像茶一样的女人，可以有高贵的包装也可以很平价，她适合于各种场合。所以女人要像一杯茶，有自己的风格，无可替代，可浓可淡。